KB084764

CEDU(쎄듀)는 A Comprehensive English eDUcation(종합적 영어교육)의 약자입니다.

EGU The Easiest Grammar & Usage 영문법
동사 써먹기

지은이	CEDU 영어연구실
디렉터	인지영
기획·개발·편집	TinyFolds
마케팅	민혜정, 문병철, 장은비, 정재희
영업	공우진, 문병구
제작	정승호
디자인	9th Design, 전수경
일러스트	김혜령
영문교열	Adam Miller, Matthew Williams

펴낸이	김기훈 · 김진희
펴낸곳	(주)쎄듀 / 서울시 강남구 논현로 305 (역삼동)
발행일	2018년 10월 15일 초판 1쇄
내용문의	www.cedubook.com
구입문의	영업본부
	Tel. 02-6241-2007
	Fax. 02-2058-0209
등록번호	제 22-2472호
ISBN	978-89-6806-129-5

The **E**asiest **G**rammar & **U**sage
동사 써먹기

영어의 기본동사 24개의 의미 학습과 확장식 문장 쓰기 연습을 통해,
학교 서술형 시험에 대한 기초를 쌓을 수 있습니다.

• 써먹기 동사 확인하기

귀여운 캐릭터 Ben과 친구들이 등장하는 재미있는 만화를
통해 써먹기 동사의 쓰임을 간단히 확인합니다.

이건 알아두기 •

써먹기 동사의 변화형을
미리 확인해 봅니다.

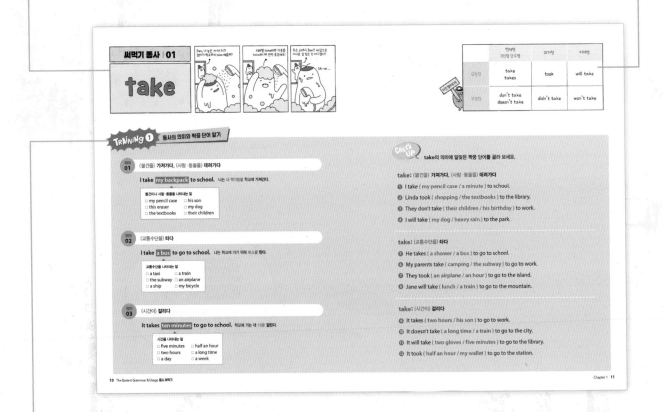

• Training ❶ 동사의 의미와 짝꿍 단어 알기

써먹기 동사의 정확한 의미와 함께 쓰이는 짝꿍 단어들을 알아보고, Check Up을 통해 문제를 풀어 봅니다.

* 짝꿍 단어란? 써먹기 동사 뒤에 자주 함께 쓰이는 명사구, 형용사/부사, 전치사구 등을 총칭하는 말입니다.

Training ❷ 동사에 단어 꿰기

써먹기 동사 뒤에 오는 단어들을 순서대로 꿰어
정확한 문장을 완성하는 연습을 합니다.
"내맘대로"에는 내가 원하는 단어를 넣어서 나만의
문장을 완성해 봅니다.

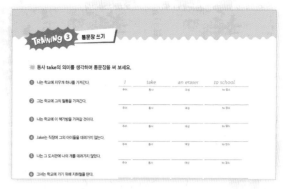

Training ❸ 통문장 쓰기

써먹기 동사와 짝꿍 단어들을 활용하여, 우리말
의미에 맞는 통문장을 완성해 봅니다.

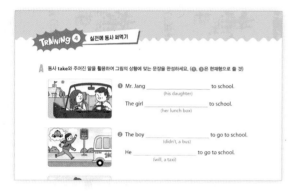

Training ❹ 실전에 동사 써먹기

써먹기 동사를 활용해, 학교 서술형 시험과 수행
평가에 대비합니다.

Chapter Review로 마무리하기

해당 Chapter에서 배운 써먹기 동사들을 한데
모아, Chapter Review에서 마무리합니다.

WORKBOOK

워크북으로 배운 내용을 다시 한번 복습합니다.

부가서비스

www.cedubook.com에서 무료 부가서비스를 다운로드
하세요.

① 어휘리스트　　② 어휘테스트

교사용 부가서비스

교강사 여러분께는 위 부가서비스를 비롯하여, 문제 출제
활용을 위한 한글 파일, 수업용 PPT 파일이 수록된 교사용
CD를 제공해 드립니다.

파일 신청 및 문의는 book@ceduenglish.com

CONTENTS

WORKBOOK

정답 및 해설

Chapter 1

짝꿍 단어에 따라
의미가 달라지는 동사 I

take

TRAINING ① 동사의 의미와 짝꿍 단어 알기

의미 01 (물건을) **가져가다**, (사람·동물을) **데려가다**

I take my backpack to school. 나는 내 책가방을 학교에 **가져간다.**

물건이나 사람·동물을 나타내는 말
- □ my pencil case
- □ this eraser
- □ the textbooks
- □ his son
- □ my dog
- □ their children

의미 02 (교통수단을) **타다**

I take a bus to go to school. 나는 학교에 가기 위해 버스를 **탄다.**

교통수단을 나타내는 말
- □ a taxi
- □ the subway
- □ a ship
- □ a train
- □ an airplane
- □ my bicycle

의미 03 (시간이) **걸리다**

It takes ten minutes to go to school. 학교에 가는 데 10분 **걸린다.**

시간을 나타내는 말
- □ five minutes
- □ two hours
- □ a day
- □ half an hour
- □ a long time
- □ a week

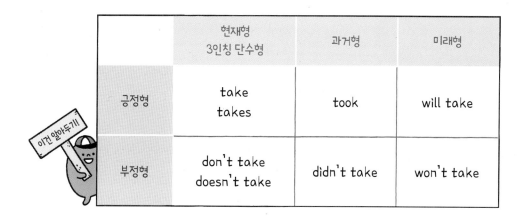

	현재형 3인칭 단수형	과거형	미래형
긍정형	take takes	took	will take
부정형	don't take doesn't take	didn't take	won't take

CHECK UP take의 의미에 알맞은 짝꿍 단어를 골라 보세요.

take: (물건을) **가져가다,** (사람·동물을) **데려가다**

❶ I take (my pencil case / a minute) to school.

❷ Linda took (shopping / the textbooks) to the library.

❸ They don't take (their children / his birthday) to work.

❹ I will take (my dog / heavy rain) to the park.

take: (교통수단을) **타다**

❺ He takes (a shower / a bus) to go to school.

❻ My parents take (camping / the subway) to go to work.

❼ They took (an airplane / an hour) to go to the island.

❽ Jane will take (lunch / a train) to go to the mountain.

take: (시간이) **걸리다**

❾ It takes (two hours / his son) to go to work.

❿ It doesn't take (a long time / a train) to go to the city.

⓫ It will take (two gloves / five minutes) to go to the library.

⓬ It took (half an hour / my wallet) to go to the station.

TRAINING ② 동사에 단어 꿰기

🌟 우리말 의미와 일치하도록 빈칸에 알맞은 말을 써 보세요.

A-1 | take | + | 대상 |

① 내 필통을 가져간다   take _____

② 그들의 아이들을 데려가지 않는다   don't take _____

③ 나의 개를 데려갈 것이다   will take _____

④ 내맘대로 _____을/를 가져가다   take _____

B-1 | take | + | 교통수단 |

⑤ 버스를 타다   take(s) _____

⑥ 비행기를 탔다   took _____

⑦ 기차를 탈 것이다   will take _____

⑧ 내맘대로 _____을/를 타다   take _____

C-1 | take | + | 시간 |

⑨ 30분이 걸렸다   took _____

⑩ 5분이 걸릴 것이다   will take _____

⑪ 오랜 시간이 걸리지 않는다   doesn't take _____

⑫ 내맘대로 _____이/가 걸리다   take(s) _____

A-2　主語(사람) + **take** + 대상 + to 장소

① 나는 내 필통을 **학교에** 가져간다.
_____ take _____ .

② 그들은 그들의 아이들을 **직장에** 데려가지 않는다.
_____ don't take _____ .

③ 나는 나의 개를 **공원에** 데려갈 것이다.
_____ will take _____ .

④ 나는 _____을/를 _____에 가져간다.
내맘대로
_____ .

B-2　주어(사람) + **take** + 교통수단 + to go to 장소

⑤ 그는 **학교에 가기 위해** 버스를 탄다.
_____ takes _____ .

⑥ 그들은 그 섬에 가기 위해 비행기를 탔다.
_____ took _____ .

⑦ Jane은 그 산에 가기 위해 기차를 탈 것이다.
_____ will take _____ .

⑧ 나는 _____에 가기 위해 _____을/를 탄다.
내맘대로
_____ .

C-2　It + **take** + 시간 + to go to 장소

⑨ 그 역에 가는 데 30분이 걸렸다.
_____ took _____ .

⑩ 그 도서관에 가는 데 5분이 걸릴 것이다.
_____ will take _____ .

⑪ 그 도시에 가는 데 오랜 시간이 걸리지 않는다.
_____ doesn't take _____ .

⑫ _____에 가는 데 _____이/가 걸린다.
내맘대로
_____ .

✳ **동사 take의 의미를 생각하며 통문장을 써 보세요.**

① 나는 학교에 지우개 하나를 가져간다.

I	*take*	*an eraser*	*to school.*
주어	동사	대상	to 장소

② 그는 학교에 그의 필통을 가져간다.

주어	동사	대상	to 장소

③ 나는 학교에 이 책가방을 가져갈 것이다.

주어	동사	대상	to 장소

④ Jake는 직장에 그의 아이들을 데려가지 않는다.

주어	동사	대상	to 장소

⑤ 나는 그 도서관에 나의 개를 데려가지 않았다.

주어	동사	대상	to 장소

⑥ 그녀는 학교에 가기 위해 지하철을 탄다.

주어	동사	교통수단	to go to 장소

⑦ 우리는 그 역에 가기 위해 택시를 탄다.

주어	동사	교통수단	to go to 장소

⑧ 그들은 제주도에 가기 위해 배를 탈 것이다.

주어	동사	교통수단	to go to 장소

⑨ Ben은 그 도시에 가기 위해 자전거를 타지 않는다.

주어	동사	교통수단	to go to 장소

⑩ 나는 그 섬에 가기 위해 비행기를 타지 않았다.

주어	동사	교통수단	to go to 장소

⑪ 브라질(Brazil)에 가는 데 하루가 걸린다.

It			
It	동사	시간	to go to 장소

⑫ 그 나라에 가는 데 긴 시간이 걸릴 것이다.

It			
It	동사	시간	to go to 장소

⑬ 미국(America)에 가는 데 일주일이 걸리지 않는다.

It			
It	동사	시간	to go to 장소

⑭ 직장에 가는 데 30분이 걸렸다.

It			
It	동사	시간	to go to 장소

⑮ 일본(Japan)에 가는 데 두 시간이 걸리지 않았다.

It			
It	동사	시간	to go to 장소

A 동사 **take**와 주어진 말을 활용하여 그림의 상황에 맞는 문장을 완성하세요. (❶, ❸은 현재형으로 쓸 것)

❶ Mr. Jang _____ to school.
(his daughter)

The girl _____ to school.
(her lunch box)

❷ The boy _____ to go to school.
(didn't, a bus)

He _____ to go to school.
(will, a taxi)

❸ It _____ to go to school.
(20 minutes)

It _____ to go to school.
(doesn't, an hour)

B 다음은 **Tim**의 부산 여행 메모입니다. 동사 **take**를 활용하여 주어진 질문에 대한 답을 완성하세요.

Trip to Busan

1. KTX train from Seoul to Busan
   (8 a.m. → 11 a.m.)

2. a camera and warm clothes

❶ What will Tim take to go to Busan?

→ He _____ to go to Busan.

❷ How long will it take to go to Busan?

→ It _____ to go to Busan.

❸ What will he take to Busan?

→ He _____.

써먹기 동사 | 02

put

TRAINING ① 동사의 의미와 짝꿍 단어 알기

의미 01 (특정한 장소에) **두다, 놓다**

I put my diary in my locker. 나는 내 사물함에 내 일기장을 **둔다.**

물건을 나타내는 말
- □ a cell phone
- □ my wallet
- □ her ID card
- □ an umbrella
- □ some coins
- □ some books

의미 02 (내용을) **쓰다, 써넣다**

I put my name on the paper . 나는 내 이름을 종이에 **썼다.**

쓸 내용을 나타내는 말
- □ your address
- □ the date
- □ his phone number

쓸 곳을 나타내는 말
- □ on the card
- □ in the letter
- □ in the blank

의미 03 (의류를) **입다, 착용하다**

I will put *on* jeans for the picnic. 나는 소풍 때 청바지를 **입을 것이다.**

의류를 나타내는 말
- □ shorts
- □ a red skirt
- □ a blue T-shirt
- □ a black cap
- □ a warm sweater
- □ this big hat

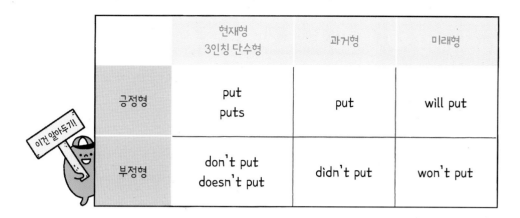

	현재형 3인칭 단수형	과거형	미래형
긍정형	put puts	put	will put
부정형	don't put doesn't put	didn't put	won't put

CHECK UP put의 의미에 알맞은 짝꿍 단어를 골라 보세요.

put: (물건을) **두다, 놓다**

❶ I will put (**my wallet** / **the date**) in my locker.

❷ She put (**the subway** / **her ID card**) in her locker.

❸ You didn't put (**a question** / **a cell phone**) in your locker.

❹ Pam puts (**some coins** / **her nickname**) in her locker.

- -

put: (내용을) **쓰다, 써넣다**

❺ I will put (**the date** / **the umbrella**) in the blank.

❻ Sam put (**short pants** / **his phone number**) on the paper.

❼ She didn't put (**two hours** / **your address**) in her letter.

❽ I put (**my name** / **your bicycle**) on the card.

- -

put on: (의류를) **입다, 착용하다**

❾ I will put on (**this big hat** / **some books**) for the picnic.

❿ She put on (**a blue T-shirt** / **the test paper**) for the picnic.

⑪ Ben will put on (**his wallet** / **a warm sweater**) for the picnic.

⑫ He didn't put on (**a black cap** / **these letters**) for the picnic.

※ 우리말 의미와 일치하도록 빈칸에 알맞은 말을 써 보세요.

A-1 　put　+　물건

❶ 몇 개의 동전을 둔다　　put(s) _____

❷ 내 지갑을 둘 것이다　　will put _____

❸ 휴대전화를 두지 않았다　　didn't put _____

❹ _____을/를 두다　　put _____
내맘대로

B-1 　put　+　내용

❺ 그의 전화번호를 썼다　　put _____

❻ 날짜를 쓸 것이다　　will put _____

❼ 네 주소를 쓰지 않았다　　didn't put _____

❽ _____을/를 썼다　　put _____
내맘대로

C-1 　put on　+　의류

❾ 이 큰 모자를 쓸 것이다　　will put on _____

❿ 따뜻한 스웨터를 입을 것이다　　will put on _____

⓫ 검은색 야구 모자를 쓰지 않았다　　didn't put on _____

⓬ _____을/를 입을 것이다　　put on _____
내맘대로

A-2 주어(사람) + **put** + 물건 + in 장소

1 Pam은 그녀의 **사물함**에 몇 개의 동전을 둔다. _____ puts _____ .

2 나는 내 **사물함**에 내 지갑을 둘 것이다. _____ will put _____ .

3 너는 네 **사물함**에 휴대전화를 두지 않았다. _____ didn't put _____ .

4 나는 _____에 _____을/를 둔다. _____
내맘대로

B-2 주어(사람) + **put** + 내용 + on/in 쓸 곳

5 Sam은 종이에 그의 전화번호를 썼다. _____ put _____ .

6 나는 빈칸에 날짜를 쓸 것이다. _____ will put _____ .

7 그녀는 그녀의 편지에 네 주소를 쓰지 않았다. _____ didn't put _____ .

8 나는 _____을/를 _____에 썼다. _____
내맘대로

C-2 주어(사람) + **put on** + 의류 + for 행사

9 나는 소풍 때 이 큰 모자를 쓸 것이다. _____ will put on _____ .

10 Ben은 소풍 때 따뜻한 스웨터를 입을 것이다. _____ will put on _____ .

11 그는 소풍 때 검은색 야구 모자를 쓰지 않았다. _____ didn't put on _____ .

12 나는 소풍 때 _____을/를 입을 것이다. _____
내맘대로

✳️ **동사 put의 의미를 생각하며 통문장을 써 보세요.**

① 나는 내 사물함에 몇 권의 책을 둔다.

I	put	some books	in my locker.
주어	동사	물건	in 장소

② Jake는 그의 사물함에 그의 일기장을 두지 않았다.

주어	동사	물건	in 장소

③ 그녀는 그녀의 차에 우산을 둔다.

주어	동사	물건	in 장소

④ 나는 내 가방에 내 신분증을 둘 것이다.

주어	동사	물건	in 장소

⑤ 나의 엄마는 그 상자에 몇 개의 동전을 두었다.

주어	동사	물건	in 장소

⑥ 나는 빈칸에 내 이름을 쓸 것이다.

주어	동사	내용	in 쓸 곳

⑦ 그는 종이에 그의 전화번호를 썼다.

주어	동사	내용	on 쓸 곳

⑧ Ann은 그녀의 편지들에 날짜를 쓰지 않는다.

주어	동사	내용	in 쓸 곳

⑨ 내 여동생은 카드에 그녀의 주소를 적지 않았다.

주어	동사	내용	on 쓸 곳

⑩ 그녀는 종이에 네 이름을 적지 않았다.

주어	동사	내용	on 쓸 곳

⑪ Greg는 소풍 때 청바지를 입을 것이다.

주어	동사	의류	for 행사

⑫ 그들은 소풍 때 반바지를 입지 않았다.

주어	동사	의류	for 행사

⑬ Nancy는 파티 때 빨간 치마를 입었다.

주어	동사	의류	for 행사

⑭ 그 남자는 파티 때 파란색 티셔츠를 입지 않았다.

주어	동사	의류	for 행사

⑮ Fred는 경기 때 따뜻한 스웨터를 입을 것이다.

주어	동사	의류	for 행사

A 동사 put과 주어진 말을 활용하여, 그림의 각 사람들을 설명하는 문장을 완성하세요. (모두 현재형으로 쓸 것)

This is Hans' Clothing Shop.

❶ The man _____ on the tag.
                     (his name)

❷ The woman _____ in
   the basket.   (handkerchiefs)

❸ The girl _____.
                  (a black hat, a green dress)

B 다음은 수지의 생일 파티에 다녀 온 민호가 쓴 일기입니다. 동사 put과 주어진 말을 활용하여, 우리말을 영어로 옮기세요. (모두 과거형으로 쓸 것)

Friday, April 4

Dear Diary,

I went to Suji's birthday party today.

❶ I _____ for the party.
   나는 파티 때 노란색 티셔츠를 입었다. (a yellow T-shirt)

I had a present and a card for Suji.

❷ I _____.
   나는 그 카드에 내 별명을 썼다. (my nickname, the card)

❸ I _____.
   나는 그것들을 선물 가방에 넣었다. (them, a gift bag)

Suji was happy about my present and card. The party was fun!

써먹기 동사 | 03

get

나 중간고사 got A⁺해서 아침에 용돈 get 했다는~

Oh! 핵이득!
슬슬 get hungry 한데...
학교에 get to 하기 전에
cup noodle 하나 쏘는 거 어때?

방금 breakfast를 먹었는데
벌써 get hungry하다니!
진짜 get shocked다 인마.

TRAINING 1 동사의 의미와 짝꿍 단어 알기

의미 01 (물건을) 얻다, 받다

I will get a new computer from my uncle. 나는 삼촌에게서 새 컴퓨터를 받을 것이다.

물건을 나타내는 말
- □ a birthday card
- □ this skateboard
- □ some money
- □ concert tickets
- □ a new laptop
- □ those shoes

의미 02 (상태가) ~하게 되다

I get tired in the evening. 나는 저녁에 피곤해**진다**.

상태를 나타내는 말
- □ excited □ lonely
- □ bored □ sick
- □ angry □ hungry

때를 나타내는 말
- □ in the morning
- □ after school
- □ on the weekend

의미 03 (장소에) 도착하다

We get *to* the station around 10 a.m. 우리는 오전 10시쯤 역에 **도착한다**.

장소를 나타내는 말
- □ school
- □ the restaurant
- □ the hospital
- □ the airport
- □ the office
- □ the stadium

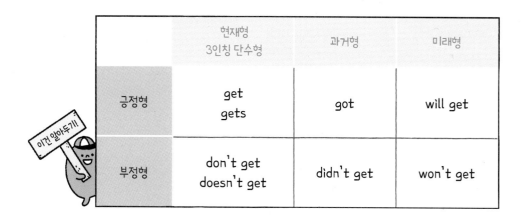

	현재형 3인칭 단수형	과거형	미래형
긍정형	get gets	got	will get
부정형	don't get doesn't get	didn't get	won't get

CHECK UP **get의 의미에 알맞은 짝꿍 단어를 골라 보세요.**

get: (물건을) 얻다, 받다

❶ She got (the airport / concert tickets) from her uncle.

❷ You will get (a new laptop / long time) from your aunt.

❸ Kevin will get (some money / this way) from his dad.

❹ I didn't get (the station / this skateboard) from my brother.

- -

get: (상태가) ~하게 되다

❺ My mom gets (angry / the office) in the morning.

❻ My brother got (sick / the hospital) after school.

❼ Nancy will get (excited / this way) on the weekend.

❽ I don't get (my birthday / hungry) in the evening.

- -

get: (장소에) 도착하다

❾ I will get to (a birthday card / the station) around 10 a.m.

❿ Dad gets to (bored / the office) around 9 a.m.

⓫ We didn't get to (the hospital / tired) around 2 p.m.

⓬ The boys got to (those shoes / the stadium) around 4 p.m.

✳ 우리말 의미와 일치하도록 빈칸에 알맞은 말을 써 보세요.

A-1 | get | + | 물건 |

❶ 콘서트 표들을 얻었다   got _____

❷ 새 휴대용 컴퓨터를 얻을 것이다   will get _____

❸ 이 스케이트보드를 얻지 않았다   didn't get _____

❹ _____을/를 얻었다   got _____
내맘대로

B-1 | get | + | 상태 |

❺ 아프게 되었다   got _____

❻ 신나게 될 것이다   will get _____

❼ 배가 고프게 되지 않는다   don't get _____

❽ _____(하)게 된다   get _____
내맘대로

C-1 | get | + | to 장소 |

❾ 사무실에 도착한다   get(s) _____

❿ 경기장에 도착했다   got _____

⓫ 병원에 도착하지 않았다   didn't get _____

⓬ _____에 도착할 것이다   will get _____
내맘대로

A-2 **주어(사람)** + **get** + **물건** + **from 사람**

① 그녀는 그녀의 **삼촌에게서** 콘서트 표들을 얻었다.   _____ got _____ .

② 너는 네 **이모에게서** 새 휴대용 컴퓨터를 얻을 것이다.   _____ will get _____ .

③ 나는 내 **형에게서** 이 스케이트보드를 얻지 않았다.   _____ didn't get _____ .

④ 나는 _____에게서 _____을/를 얻었다.   _____
내맘대로

B-2 **주어(사람)** + **get** + **상태** + **때를 나타내는 말**

⑤ 나의 남동생은 **방과 후에** 아프게 되었다.   _____ got _____ .

⑥ **Nancy는 주말에** 신나게 될 것이다.   _____ will get _____ .

⑦ 나는 **저녁에** 배가 고파지지 않는다.   _____ don't get _____ .

⑧ 나는 _____에 _____(하)게 된다.   _____
내맘대로

C-2 **주어(사람)** + **get** + **to 장소** + **around 시각**

⑨ 아빠는 **오전 9시쯤** 사무실에 도착하신다.   _____ gets _____ .

⑩ 그 소년들은 **오후 4시쯤** 경기장에 도착했다.   _____ got _____ .

⑪ 우리는 **오후 2시쯤** 병원에 도착하지 않았다.   _____ didn't get _____ .

⑫ 나는 _____쯤 _____에 도착할 것이다.   _____
내맘대로

✳ 동사 **get**의 의미를 생각하며 통문장을 써 보세요.

① 나는 내 삼촌에게서 얼마간의 돈을 받았다.

I	got	some money	from my uncle.
주어	동사	물건	from 사람

② 그녀는 그녀의 언니에게서 저 신발들을 받지 않았다.

주어	동사	물건	from 사람

③ 그는 그의 친구에게서 생일카드들을 받았다.

주어	동사	물건	from 사람

④ 나는 나의 아빠에게서 새 컴퓨터를 받지 않을 것이다.

주어	동사	물건	from 사람

⑤ 너는 Martin에게서 콘서트 표들을 얻을 것이다.

주어	동사	물건	from 사람

⑥ 나는 방과 후에 외로워진다.

주어	동사	상태	때

⑦ 그 아이는 주말에 지루해하지 않는다.

주어	동사	상태	때

⑧ 그들은 저녁에 피곤해졌다.

주어	동사	상태	때

⑨ 너는 아침에 배가 고파질 것이다.

주어	동사	상태	때

⑩ Tony는 방과 후에 아프게 되었다.

주어	동사	상태	때

⑪ 그는 오후 7시쯤 공항에 도착할 것이다.

주어	동사	to 장소	around 시각

⑫ Linda는 오전 8시쯤 학교에 도착한다.

주어	동사	to 장소	around 시각

⑬ 그들은 오전 10시쯤 사무실에 도착하지 않았다.

주어	동사	to 장소	around 시각

⑭ 우리는 오후 6시쯤 식당에 도착했다.

주어	동사	to 장소	around 시각

⑮ 그들은 오후 2:30쯤 경기장에 도착하지 않았다.

주어	동사	to 장소	around 시각

A 동사 **get**과 주어진 말을 활용하여 글을 완성하세요. (모두 과거형으로 쓸 것)

❶ Suji _____ .
(two concert tickets, dad)

❷ Suji's friend _____ .
(the concert hall, around 5:30 p.m.)

❸ They _____ .
(excited, in the evening)

B 다음 질문에 대한 수지의 답변을 참고하여, 나의 답변을 완성하세요.

❶ What did you get for your birthday?	Suji: *I got a new laptop from my parents.*
	Me: *I got* _____ .
❷ How do you feel after school?	Suji: *I get tired after school.*
	Me: *I get* _____ .
❸ What time do you get to school in the morning?	Suji: *I get to school around 8:30 a.m.*
	Me: *I get to* _____ .

써먹기 동사 | 04

call

TRAINING ① 동사의 의미와 짝꿍 단어 알기

의미 01 ~에게 전화하다

I will call you **to say hi.** 나는 안부를 전하려고 네게 **전화할** 것이다.

전화 거는 상대를 나타내는 말
- □ my aunt
- □ her grandparents
- □ my old friends
- □ Mrs. White
- □ his teacher
- □ your parents

의미 02 ~을 (오라고) 부르다

I called my mom **for help.** 나는 도와달라고 엄마를 **불렀다.**

부르는 대상을 나타내는 말
- □ my sister
- □ my best friend
- □ my boyfriend
- □ my neighbors
- □ everybody
- □ somebody

의미 03 ~을 (이름·별명) 라고 부르다

I call my cat Nabi. 나는 나의 고양이를 나비라고 **부른다.**

부르는 대상을 나타내는 말
- □ my pet dog
- □ the baby
- □ the chimpanzee
- □ the lion
- □ my nephew
- □ this doll

이름이나 별명을 나타내는 말
- □ La La
- □ sweetie
- □ Gordon
- □ the king of the jungle

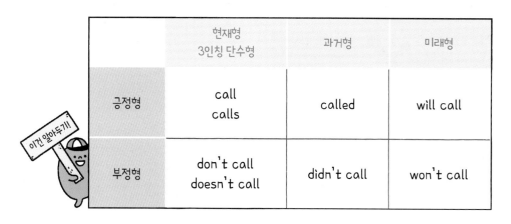

	현재형 3인칭 단수형	과거형	미래형
긍정형	call calls	called	will call
부정형	don't call doesn't call	didn't call	won't call

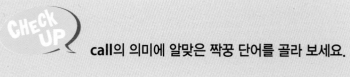 **call**의 의미에 알맞은 짝꿍 단어를 골라 보세요.

call: ~에게 전화하다

❶ I called (**my old friends** / a taxi) to say hi.

❷ Paul didn't call (a telephone / **his teacher**) to say hi.

❸ She doesn't call (**her grandparents** / her address) to say hi.

❹ I will call (**your parents** / the memo) to say hi.

---

call: ~을 (오라고) 부르다

❺ I didn't call (my cell phone / **my sister**) for help.

❻ They called (**somebody** / a new computer) for help.

❼ Ellie doesn't call (**her best friend** / some money) for help.

❽ I will call (**everybody** / short pants) for help.

---

call: ~을 (이름·별명) 라고 부르다

❾ I call (**my nephew** / some coins) La La.

❿ She calls (a day / **the baby**) sweetie.

⓫ People called (a red skirt / **the chimpanzee**) Gordon.

⓬ We call (**the lion** / a textbook) the king of the jungle.

※ 우리말 의미와 일치하도록 빈칸에 알맞은 말을 써 보세요.

A-1 | call | + | 전화 거는 상대 |

❶ 내 옛 친구들에게 전화했다   called _____

❷ 네 부모님께 전화할 것이다   will call _____

❸ 그의 선생님께 전화하지 않았다   didn't call _____

❹ _____에게 전화할 것이다   will call _____
내맘대로

B-1 | call | + | 부르는 대상 |

❺ 누군가를 불렀다   called _____

❻ 모두를 부를 것이다   will call _____

❼ 내 여동생을 부르지 않았다   didn't call _____

❽ _____을/를 부를 것이다   will call _____
내맘대로

C-1 | call | + | 부르는 대상 |

❾ 내 조카를 부른다   call _____

❿ 그 아기를 부른다   call(s) _____

⓫ 그 침팬지를 불렀다   called _____

⓬ _____을/를 부른다   call _____
내맘대로

A-2 **주어(사람)** + **call** + **전화 거는 상대** + **to 전화 건 목적**

① 나는 안부를 전하려고 내 옛 친구들에게 전화했다.　_____ called _____.

② 나는 안부를 전하려고 네 부모님께 전화할 것이다.　_____ will call _____.

③ Paul은 안부를 전하려고 그의 선생님께 전화하지 않았다.　_____ didn't call _____.

④ 나는 _____하려고 _____에게 전화할 것이다.　_____.
내맘대로

B-2 **주어(사람)** + **call** + **부르는 대상** + **for 목적**

⑤ 그들은 도와달라고 누군가를 불렀다.　_____ called _____.

⑥ 나는 도와달라고 모두를 부를 것이다.　_____ will call _____.

⑦ 나는 도와달라고 내 여동생을 부르지 않았다.　_____ didn't call _____.

⑧ 나는 도와달라고 _____을/를 부를 것이다.　_____.
내맘대로

C-2 **주어(사람)** + **call** + **부르는 대상** + **이름·별명**

⑨ 나는 내 조카를 La La라고 부른다.　_____ call _____.

⑩ 그녀는 그 아기를 sweetie라고 부른다.　_____ calls _____.

⑪ 사람들은 그 침팬지를 Gordon이라고 불렀다.　_____ called _____.

⑫ 나는 _____을/를 _____라고 부른다.　_____.
내맘대로

✸ 동사 **call**의 의미를 생각하며 통문장을 써 보세요.

① 나는 안부를 전하려고 내 오랜 친구들에게 전화했다.

I	called	my old friends	to say hi.
주어	동사	전화 거는 상대	to 전화 건 목적

② Tim은 안부를 전하려고 네 부모님께 전화할 것이다.

주어	동사	전화 거는 상대	to 전화 건 목적

③ 아빠는 안부를 전하려고 나의 선생님께 전화하신다.

주어	동사	전화 거는 상대	to 전화 건 목적

④ 나는 안부를 전하려고 내 이모에게 전화하지 않았다.

주어	동사	전화 거는 상대	to 전화 건 목적

⑤ Emily는 "I love you."라고 말하려고 그녀의 조부모님께 전화한다.

주어	동사	전화 거는 상대	to 전화 건 목적

⑥ 우리는 도와달라고 너를 부를 것이다.

주어	동사	부르는 대상	for 목적

⑦ 그 아이들은 도와달라고 그들의 선생님을 불렀다.

주어	동사	부르는 대상	for 목적

⑧ 나는 도와달라고 내 남자친구를 부른다.

주어	동사	부르는 대상	for 목적

⑨ 나는 도와달라고 내 이웃들을 부르지 않았다.

주어	동사	부르는 대상	for 목적

⑩ 그들은 도와달라고 누군가를 부를 것이다.

주어	동사	부르는 대상	for 목적

⑪ 그들은 그들의 아기를 sweetie라고 부를 것이다.

주어	동사	부르는 대상	이름·별명

⑫ 그 소년은 이 인형을 Andy라고 부른다.

주어	동사	부르는 대상	이름·별명

⑬ 나는 내 반려견을 Nabi라고 부른다.

주어	동사	부르는 대상	이름·별명

⑭ 나는 사자를 밀림의 왕이라고 부를 것이다.

주어	동사	부르는 대상	이름·별명

⑮ 그들은 침팬지를 밀림의 왕이라고 부르지 않는다.

주어	동사	부르는 대상	이름·별명

TRAINING ④ 실전에 동사 써먹기

A 다음은 수지에게 전화를 건 세 사람이 한 말입니다. 동사 **call**과 주어진 말을 활용하여, 세 사람이 전화를 건 목적과 관련된 문장을 완성하세요. (모두 과거형으로 쓸 것)

Semi

> I wanted to say thank you yesterday.

❶ Semi _____ thank you.
　　　　　　　(to say)

Minsu

> Suji! Where are you? I need your help right now. I'll call you again.

❷ Minsu _____ for help.
　　　　　　　(to ask)

Minji

> Suji, what time will we meet on Saturday?

❸ Minji _____ to meet on Saturday.
　　　　　　(to set the time)

B 다음은 어제 민호에게 있었던 일을 나타낸 그림입니다. 동사 **call**과 주어진 말을 활용하여, 오늘 두 사람이 나눈 대화를 완성하세요.

A: Minho, were you busy yesterday? ❶ I _____ .
　　　　　　　　　　　　　　　　　　　(you, ask something)

B: Sorry. I didn't know that. Naru was in trouble yesterday.

A: Naru? Who is he?

B: He is my pet dog. ❷ I _____ .
　　　　　　　　　　　　　(him, Naru)

　❸ He _____ .
　　　　　　(me, help)

각 동사의 의미를 참고하여 우리말에 맞는 문장을 써 보세요.

써먹기 동사 | 01

take

| (물건을) 가져가다, (사람·동물을) 데려가다 | (교통수단을) 타다 | (시간이) 걸리다 |

❶ 나는 학교에 가기 위해 지하철을 탄다.

❷ 내 여동생은 이 지우개를 학교에 가져갔다.

❸ 그 섬에 가는 데 긴 시간이 걸리지 않는다.

❹ 그는 도서관에 가기 위해 택시를 타지 않았다.

❺ 그녀는 그녀의 아이들을 직장에 데려가지 않는다.

❻ 네 할머니 댁에 가는 데 30분이 걸릴 것이다.

써먹기 동사 | 02

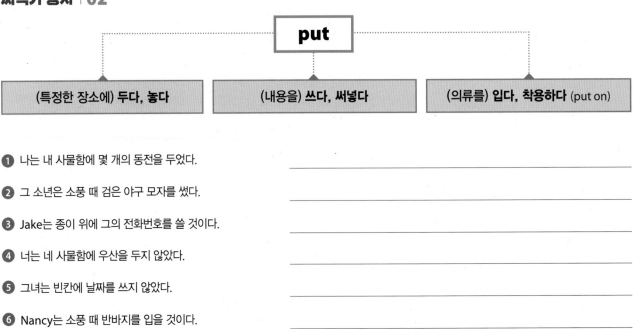

put

| (특정한 장소에) 두다, 놓다 | (내용을) 쓰다, 써넣다 | (의류를) 입다, 착용하다 (put on) |

❶ 나는 내 사물함에 몇 개의 동전을 두었다.

❷ 그 소년은 소풍 때 검은 야구 모자를 썼다.

❸ Jake는 종이 위에 그의 전화번호를 쓸 것이다.

❹ 너는 네 사물함에 우산을 두지 않았다.

❺ 그녀는 빈칸에 날짜를 쓰지 않았다.

❻ Nancy는 소풍 때 반바지를 입을 것이다.

써먹기 동사 | 03

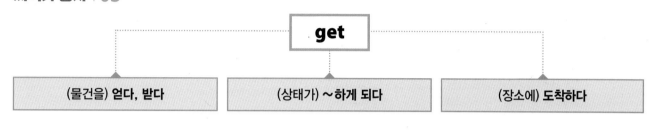

❶ 나의 부모님은 오후 3시쯤 학교에 도착할 것이다.

❷ 우리는 오전 11시쯤 식당에 도착하지 않았다.

❸ 그 소녀는 방과 후에 외로워진다.

❹ Eric은 그의 삼촌에게서 새 휴대용 컴퓨터를 받을 것이다.

❺ 그들은 그들의 삼촌에게서 콘서트 표들을 받았다.

❻ 나는 주말에 지루해졌다.

써먹기 동사 | 04

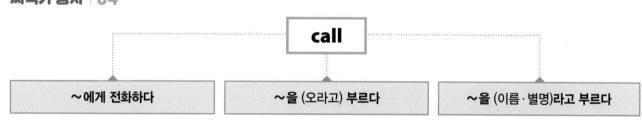

❶ 나는 안부를 전하려고 나의 선생님께 전화하지 않는다.

❷ 그들은 그 아기를 sweetie라고 부른다.

❸ 내 여동생은 도와달라고 모두를 부른다.

❹ 너의 선생님은 안부를 전하려고 네 부모님께 전화하실 것이다.

❺ 그는 도와달라고 그의 이웃들을 부를 것이다.

❻ 우리는 이 인형을 La La라고 부를 것이다.

Chapter 2

짝꿍 단어에 따라
의미가 달라지는 동사 Ⅱ

써먹기 동사 | 05

have

TRAINING ① 동사의 의미와 짝꿍 단어 알기

의미 01 (증상이) 있다, (질병에) 걸리다

I had a headache **for a few days.** 나는 며칠간 두통이 있었다.

증상·질병을 나타내는 말
- □ a stomachache □ a toothache
- □ a cold □ a cough
- □ a fever □ a runny nose

의미 02 (음식을) 먹다

I have breakfast every day . 나는 매일 아침을 먹는다.

음식을 나타내는 말
- □ lunch □ dinner
- □ snacks □ three meals
- □ dessert □ junk food

때를 나타내는 말
- □ in the morning
- □ at night
- □ during break time

의미 03 (사람)에게 (행동)을 하도록 시키다

My mom has me clean my room . 엄마는 내게 내 방을 청소하도록 시키신다.

시키는 대상을 나타내는 말
- □ us □ my sister
- □ Tom □ his brother

집안일을 나타내는 말
- □ wash the dishes □ water the plants
- □ feed the dog □ do the laundry
- □ take out the trash □ set the table

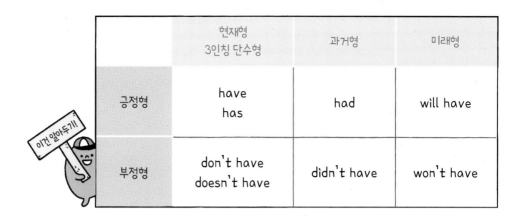

	현재형 3인칭 단수형	과거형	미래형
긍정형	have has	had	will have
부정형	don't have doesn't have	didn't have	won't have

have의 의미에 알맞은 짝꿍 단어를 골라 보세요.

have: (증상이) 있다, (질병에) 걸리다

❶ She had (**the hospital / a toothache**) for a few days.

❷ The baby had (**morning / a fever**) for a few days.

❸ The student had (**a stomachache / do the laundry**) after lunch.

❹ I didn't have (**a cold / water the plants**) this summer.

- -

have: (음식을) 먹다

❺ They have (**these presents / three meals**) every day.

❻ My brother has (**junk food / a restaurant**) every day.

❼ I won't have (**set the table / snacks**) during break time.

❽ Sue will have (**clean my room / dinner**) at night.

- -

have: (사람)에게 (행동)을 하도록 시키다

❾ My mom has me (**set the table / headache**).

❿ My dad doesn't have my sister (**dessert / take out the trash**).

⓫ I will have Tom (**every morning / feed the dog**).

⓬ My parents didn't have us (**a runny nose / do the laundry**).

※ 우리말 의미와 일치하도록 빈칸에 알맞은 말을 써 보세요.

A-1 | have | + | 증상·질병 |

❶ 열이 있었다   had _____

❷ 복통이 있었다   had _____

❸ 감기에 걸리지 않았다   didn't have _____

❹ _____이 있었다   had _____
내맘대로

B-1 | have | + | 음식 |

❺ 세 끼의 식사를 먹는다   have _____

❻ 정크푸드를 먹는다   have(has) _____

❼ 간식을 먹지 않을 것이다   won't have _____

❽ _____을/를 먹는다   have _____
내맘대로

C-1 | have | + | 사람 |

❾ 내게 시킨다   have(has) _____

❿ Tom에게 시킬 것이다   will have _____

⓫ 우리에게 시키지 않았다   didn't have _____

⓬ _____에게 시킨다   have _____
내맘대로

A-2 주어(사람) + **have** + 증상·질병 + 기간·때

1 그 아기는 며칠간 열이 있었다.
_____ had _____ .

2 그 학생은 점심 식사 후에 복통이 있었다.
_____ had _____ .

3 나는 이번 여름에 감기에 걸리지 않았다.
_____ didn't have _____ .

4 나는 _____에 _____이 있었다.
내맘대로
_____ .

B-2 주어(사람) + **have** + 음식 + 때

5 그들은 매일 세 끼의 식사를 먹는다.
_____ have _____ .

6 나의 형은 매일 정크푸드를 먹는다.
_____ has _____ .

7 나는 쉬는 시간 동안 간식을 먹지 않을 것이다.
_____ won't have _____ .

8 나는 _____에 _____을/를 먹는다.
내맘대로
_____ .

C-2 주어(사람) + **have** + 사람 + 행동

9 나의 엄마는 내게 상을 차리도록 시키신다.
_____ has _____ .

10 나는 Tom에게 개에게 먹이를 주도록 시킬 것이다.
_____ will have _____ .

11 나의 부모님은 우리에게 빨래를 하도록 시키지 않으셨다.
_____ didn't have _____ .

12 나는 _____에게 _____하도록 시킨다.
내맘대로
_____ .

✹ **동사 have의 의미를 생각하며 통문장을 써 보세요.**

① 나는 며칠간 치통이 있었다.

I	had	a toothache	for a few days.
주어	동사	증상·질병	for 기간

② 그녀는 며칠간 기침이 있었다.

주어	동사	증상·질병	for 기간

③ Tom은 아침 식사 후에 복통이 있었다.

주어	동사	증상·질병	after 때

④ 그 학생은 방과 후에 두통이 있었다.

주어	동사	증상·질병	after 때

⑤ 그 소녀는 일주일간 열이 없었다.

주어	동사	증상·질병	for 기간

⑥ 나는 매일 점심을 먹는다.

주어	동사	음식	때

⑦ Ms. Jang은 저녁 식사 후에 후식을 먹는다.

주어	동사	음식	after 때

⑧ 우리는 쉬는 시간 동안 간식을 먹을 것이다.

주어	동사	음식	during 때

⑨ 나는 매일 아침을 먹지 않는다.

주어	동사	음식	때

⑩ Paul은 밤에는 정크푸드를 먹지 않는다.

주어	동사	음식	at 때

⑪ 그는 나에게 설거지를 하도록 시킨다.

주어	동사	사람	행동

⑫ 나는 그녀에게 식물들에 물을 주도록 시킬 것이다.

주어	동사	사람	행동

⑬ Ben은 그의 남동생에게 개에게 먹이를 주도록 시켰다.

주어	동사	사람	행동

⑭ 그녀는 우리에게 쓰레기를 버리도록 시키지 않는다.

주어	동사	사람	행동

⑮ 아빠는 네게 네 방을 청소하도록 시키지 않으셨다.

주어	동사	사람	행동

A 다음은 어젯밤부터 오늘 오전까지 지호에게 일어난 일을 순서대로 나타낸 그림입니다. 동사 **have**와 주어진 말을 활용하여 문장을 완성하세요. (모두 과거형으로 쓸 것)

❶ Jiho _____ .
(junk food, last night)

❷ He _____ . So he had to go to the hospital.
(a stomachache, this morning)

❸ He _____ .
(his sister, feed the dog)

B 다음은 엄마가 지수에게 남긴 메모입니다. 동사 **have**와 주어진 말을 활용하여 문장을 완성하세요.

To Jisu,

엄마는 치통이 있어서 오후에 치과에 갈 것임.
점심으로 샌드위치를 먹을 것.
거실을 청소해 놓을 것.

ㅡ 엄마가

❶ Jisu's mom _____ .
(a toothache)

❷ Mom will go to the dentist, and Jisu _____ .
(sandwiches, for lunch)

❸ Mom _____ .
(clean the living room)

leave

드디어 저 가족들이
모두 leave 하는군…
가고 나면 식탁 먼저
올라가야지!

맞다!
passport!
엄마 passport를
책상에
leave했어요!

What?!
얼른 챙겨!
빨리 공항으로
leave 해야 돼!

쯧쯧… 저래서
오늘 안에 leave 하겠나…
제발 leave me alone 해줘~

TRAINING ① 동사의 의미와 짝꿍 단어 알기

의미 01 (목적지를 향해 출발지를) **떠나다**

I will leave home **for** school . 나는 학교를 향해 집을 **떠날** 것이다.

출발지나 목적지를 나타내는 말
- ☐ the station
- ☐ the bus stop
- ☐ the city
- ☐ this town
- ☐ work
- ☐ the gym

의미 02 ~을 (장소에) **두고 오다**

I left my camera on the bus . 나는 버스에 내 사진기를 **두고 왔다.**

물건을 나타내는 말
- ☐ the keys
- ☐ a memo
- ☐ the laptop
- ☐ my cell phone

장소를 나타내는 말
- ☐ on the bed
- ☐ on the table
- ☐ in the café
- ☐ in the room

의미 03 ~을 (상태) **그대로 두다**

We leave the window open . 우리는 그 창문을 열린 **그대로 둔다.**

대상을 나타내는 말
- ☐ the door
- ☐ the closet
- ☐ the kitchen
- ☐ the restroom
- ☐ me
- ☐ the teacher

상태를 나타내는 말
- ☐ closed
- ☐ unlocked
- ☐ dirty
- ☐ clean
- ☐ alone
- ☐ angry

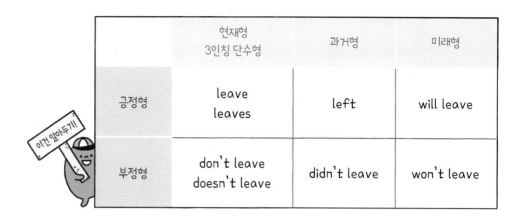

	현재형 3인칭 단수형	과거형	미래형
긍정형	leave leaves	left	will leave
부정형	don't leave doesn't leave	didn't leave	won't leave

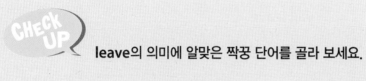

leave의 의미에 알맞은 짝꿍 단어를 골라 보세요.

leave: (목적지를 향해 출발지를) 떠나다

❶ I will leave (home / my bag) for the station.

❷ My parents left the gym for (hot / work).

❸ He left this town for (dirty / the city).

❹ The train leaves (the closet / the station) for the city.

leave: ～을 (장소에) 두고 오다

❺ I didn't leave (the city / my cell phone) in the room.

❻ You left (work / the keys) on the bed.

❼ They will leave (a memo / closed) on the table.

❽ The man didn't leave (his laptop / clean) in the café .

leave: ～을 (상태) 그대로 두다

❾ I didn't leave the door (closed / the bed).

❿ He doesn't leave the kitchen (dirty / here).

⓫ She left the teacher (clean / angry).

⓬ They left the closet (the table / open).

✳ 우리말 의미와 일치하도록 빈칸에 알맞은 말을 써 보세요.

A-1 leave + 출발지

❶ 역을 떠나다   leave(s) _____

❷ 이 마을을 떠났다   left _____

❸ 집을 떠날 것이다   will leave _____

❹ _____ 을/를 떠날 것이다   will leave _____
내맘대로

B-1 leave + 물건

❺ 그 열쇠들을 두고 왔다   left _____

❻ 메모 하나를 남기고 올 것이다   will leave _____

❼ 내 휴대전화를 두고 오지 않았다   didn't leave _____

❽ _____ 을/를 두고 왔다   left _____
내맘대로

C-1 leave + 대상

❾ 그 옷장을 그대로 두었다   left _____

❿ 그 선생님을 그대로 두었다   left _____

⓫ 그 문을 그대로 두지 않았다   didn't leave _____

⓬ _____ 을/를 그대로 둔다   leave _____
내맘대로

A-2 주어 + leave + 출발지 + for 목적지

1 그 기차는 그 도시를 향해 역을 떠난다.
_____ leaves _____.

2 그는 그 도시를 향해 이 마을을 떠났다.
_____ left _____.

3 나는 그 역을 향해 집을 떠날 것이다.
_____ will leave _____.

4 나는 _____을/를 향해 _____을/를
떠날 것이다.
_____.
내맘대로

B-2 주어(사람) + leave + 물건 + in/on 장소

5 너는 침대 위에 그 열쇠들을 두고 왔다.
_____ left _____.

6 그들은 탁자 위에 메모 하나를 남기고 올 것이다.
_____ will leave _____.

7 나는 그 방에 내 휴대전화를 두고 오지 않았다.
_____ didn't leave _____.

8 나는 _____에 _____을/를 두고 왔다.
_____.
내맘대로

C-2 주어(사람) + leave + 대상 + 상태

9 그들은 그 옷장을 열린 그대로 두었다.
_____ left _____.

10 그녀는 그 선생님을 화난 그대로 두었다.
_____ left _____.

11 나는 그 문을 닫힌 그대로 두지 않았다.
_____ didn't leave _____.

12 나는 _____을/를 _____(한) 그대로 둔다.
_____.
내맘대로

✹ 동사 **leave**의 의미를 생각하며 통문장을 써 보세요.

① 나는 버스 정류장을 향해 집을 떠날 것이다.

_I_	_will leave_	_home_	_for the bus stop._
주어	동사	출발지	for 목적지

② 그 학생들은 역을 향해 학교를 떠난다.

주어	동사	출발지	for 목적지

③ 그들은 체육관을 향해 카페를 떠났다.

주어	동사	출발지	for 목적지

④ 나는 도서관을 향해 집을 떠날 것이다.

주어	동사	출발지	for 목적지

⑤ Kevin은 그 마을을 향해 이 도시를 떠났다.

주어	동사	출발지	for 목적지

⑥ Mr. Kim은 탁자 위에 메모 하나를 남겨 둘 것이다.

주어	동사	물건	on 장소

⑦ 나는 그 방에 내 가방을 두고 왔다.

주어	동사	물건	in 장소

⑧ Jim은 카페에 그의 휴대전화를 두고 왔다.

주어	동사	물건	in 장소

⑨ 나의 아빠는 침대 위에 열쇠들을 두고 오시지 않았다.

주어	동사	물건	on 장소

⑩ 그녀는 탁자 위에 그녀의 사진기를 두고 오지 않았다.

주어	동사	물건	on 장소

⑪ Tina는 화장실을 깨끗한 그대로 둘 것이다.

주어	동사	대상	상태

⑫ 우리는 그 문을 열린 그대로 둘 것이다.

주어	동사	대상	상태

⑬ 나의 남동생은 나를 화난 그대로 둔다.

주어	동사	대상	상태

⑭ 나의 엄마는 나를 혼자 두지 않으신다.

주어	동사	대상	상태

⑮ 그 남자는 옷장을 닫힌 그대로 두지 않았다.

주어	동사	대상	상태

A 동사 leave와 주어진 말을 활용하여 그림의 상황에 맞는 문장을 완성하세요. (모두 과거형으로 쓸 것)

❶ The boy _____ for the station.
　　　　　　　　(home)

The train _____.
　　　　　　　　　　　(Daejeon, Seoul)

❷ I _____ dirty.
　　　　　(my room)

I _____.
　　　(my wallet, the bed)

❸ We _____.
　　　　(the door, unlocked)

We _____.
　　　(the windows, open)

B 다음은 지수의 일기입니다. 동사 leave와 주어진 말을 활용하여 우리말을 영어로 옮기세요.
(모두 과거형으로 쓸 것)

Wednesday, May 7

Dear Diary,

❶ Today I _____ at 4 p.m.
오늘 나는 오후 4시에 집을 향해 학교를 떠났다. (school, home)

Oh, my! ❷ I _____.
나는 교실에 내 휴대전화를 두고 왔다. (my cell phone, the classroom)

I ran back to school. ❸ My teacher _____.
나의 선생님이 교실 문을 열린 그대로 두셨다. (the classroom door, open)

Luckily, I got my cell phone back.

써먹기 동사 | 07

hold

TRAINING ① 동사의 의미와 짝꿍 단어 알기

의미 01 ～을 잡고[들고] 있다

I will hold a ball in my hands. 나는 (양)손으로 공 하나를 들고 있을 것이다.

물건을 나타내는 말
- □ a basket □ a long rope □ a jar
- □ a flag □ large boxes □ two mugs

의미 02 (행사를) 열다, 개최하다

I will hold my birthday party at the restaurant. 나는 그 식당에서 내 생일 파티를 열 것이다.

행사를 나타내는 말
- □ a meeting □ a parade
- □ a sports day □ a contest
- □ a festival □ a flea market

장소를 나타내는 말
- □ at the park
- □ in the hall

의미 03 ～을 (특정 상태로 계속) 유지하다

I held my head down. 나는 내 머리를 숙이고 있었다.

대상을 나타내는 말
- □ my hands
- □ my legs
- □ my arms
- □ the sign
- □ the trophy

상태를 나타내는 말
- □ up
- □ straight
- □ up
- □ over his head

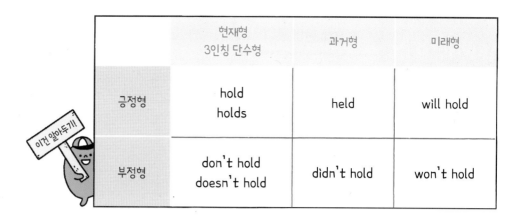

	현재형 3인칭 단수형	과거형	미래형
긍정형	hold holds	held	will hold
부정형	don't hold doesn't hold	didn't hold	won't hold

CHECK UP

hold의 의미에 알맞은 짝꿍 단어를 골라 보세요.

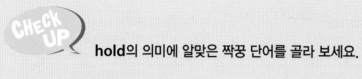

hold: ~을 잡고[들고] 있다

❶ I held (**a flag** / a contest) in my hands.

❷ They held (**a long rope** / the park) in their hands.

❸ The girl will hold (the room / **a basket**) in her left hand.

❹ Steve didn't hold (a parade / **two mugs**) in one hand.

- -

hold: (행사를) 열다, 개최하다

❺ We will hold (our eyes / **a meeting**) at the restaurant.

❻ They held (**a flea market** / up) in the hall.

❼ Two schools will hold (**a sports day** / the hall) at the park.

❽ The town didn't hold (its leg / **a festival**) at the park.

- -

hold: ~을 (특정 상태로 계속) 유지하다

❾ I didn't hold my head (**down** / at the park).

❿ Jack held the trophy (a jar / **up**).

⓫ The teacher will hold the sign (**over his head** / a contest).

⓬ The girl held her legs (**straight** / in the hall).

✸ 우리말 의미와 일치하도록 빈칸에 알맞은 말을 써 보세요.

A-1 | hold | + | 물건 |

① 깃발 하나를 잡고 있었다   held _____

② 바구니 하나를 들고 있을 것이다   will hold _____

③ 머그잔 두 개를 들지 않았다   didn't hold _____

④ _____을/를 들고 있었다   held _____
내맘대로

B-1 | hold | + | 행사 |

⑤ 벼룩시장을 열었다   held _____

⑥ 회의를 열 것이다   will hold _____

⑦ 축제를 열지 않았다   didn't hold _____

⑧ _____을/를 열 것이다   will hold _____
내맘대로

C-1 | hold | + | 대상 |

⑨ 트로피를 (~하게) 유지했다   held _____

⑩ 그녀의 다리들을 (~하게) 유지했다   held _____

⑪ 나의 머리를 (~하게) 유지하지 않았다   didn't hold _____

⑫ _____을/를 (~하게) 유지했다   held _____
내맘대로

A-2 　주어(사람)　+　**hold**　+　물건　+　in 손

① 나는 나의 (양)손으로 깃발 하나를 잡고 있었다.　_____ held _____.

② 그 소녀는 그녀의 왼손에 바구니 하나를 들고 있을 것이다.　_____ will hold _____.

③ Steve는 한 손에 머그잔 두 개를 들지 않았다.　_____ didn't hold _____.

④ 나는 _____에 _____을/를 들고 있었다.　_____.
내맘대로

B-2 　주어　+　**hold**　+　행사　+　at/in 장소

⑤ 그들은 강당에서 벼룩시장을 열었다.　_____ held _____.

⑥ 우리는 그 식당에서 회의를 열 것이다.　_____ will hold _____.

⑦ 그 마을은 공원에서 축제를 열지 않았다.　_____ didn't hold _____.

⑧ 우리는 _____에서 _____을/를 열 것이다.　_____.
내맘대로

C-2 　주어(사람)　+　**hold**　+　대상　+　상태

⑨ Jack은 그 트로피를 위로 올리고 있었다.　_____ held _____.

⑩ 그 소녀는 그녀의 다리들을 곧게 펴고 있었다.　_____ held _____.

⑪ 나는 나의 머리를 아래로 숙이고 있지 않았다.　_____ didn't hold _____.

⑫ 나는 _____을/를 _____(하)게 유지했다.　_____.
내맘대로

☀ 동사 **hold**의 의미를 생각하며 통문장을 써 보세요.

1 나는 (양)손으로 깃발 하나를 잡고 있었다.

I	*held*	*a flag*	*in my hands.*
주어	동사	물건	in 손

2 그는 한 손에 병 하나를 잡고 있을 것이다.

주어	동사	물건	in 손

3 우리는 우리의 손에 긴 밧줄 하나를 잡고 있었다.

주어	동사	물건	in 손

4 나는 한 손에 머그잔 두 개를 들고 있지 않았다.

주어	동사	물건	in 손

5 엄마는 그녀의 (양)손으로 큰 상자들을 들고 계셨다.

주어	동사	물건	in 손

6 그들은 강당에서 대회를 열 것이다.

주어	동사	행사	in 장소

7 그 학교는 공원에서 퍼레이드를 열 것이다.

주어	동사	행사	at 장소

8 우리는 공원에서 벼룩시장을 열었다.

주어	동사	행사	at 장소

9 그 팀은 식당에서 회의를 열었다.

주어	동사	행사	at 장소

10 그 학교는 공원에서 운동회를 열지 않았다.

주어	동사	행사	at 장소

11 그 선수는 그 트로피를 위로 올리고 있을 것이다.

주어	동사	대상	상태

12 Ken은 그 표지판을 그의 머리 위로 올린다.

주어	동사	대상	상태

13 그녀는 그녀의 (양)팔을 곧게 펴고 있었다.

주어	동사	대상	상태

14 그는 그의 다리들을 아래로 두었다.

주어	동사	대상	상태

15 나는 나의 (양)손을 위로 올리고 있지 않았다.

주어	동사	대상	상태

A 동사 **hold**와 주어진 말을 활용하여, 그림의 각 사람들을 설명하는 문장을 완성하세요.
(모두 현재형으로 쓸 것)

❶ Boram Middle School _____

_____. (a sports day, the park)

❷ Some students _____

_____. (a long rope, their hands)

❸ Some students _____

_____. (flags, over their heads)

❹ Sally _____.

(balls, her arms)

B 다음은 서울시가 개최하는 과학 박람회 광고입니다. 동사 **hold**를 활용하여 다음 질문에 대한 답을 완성하세요.
(모두 미래형으로 쓸 것)

THE SCIENCE FAIR

When: May 1 – 5 (Mon. – Fri.)

Where: Seoul City Hall

Special Events 1. A meeting with famous scientists (the conference room / Mon.)
2. A parade of robots (the outdoor park / Fri.)

❶ What will Seoul hold on May 1 and where?

→ Seoul _____.

❷ What is Special Event 1 and where is it?

→ They _____.

❸ What is Special Event 2 and where is it?

→ They _____.

써먹기 동사 | 08

let

Ben!
우리 공원으로
let's walk a dog
하자! 그만 먹고
살 빼야지!

Mom, 민주적인
가정이라면 먼저
let me ask Molly
하게 해 줘요.
Molly에게도
물어봐야죠!

엄마! Molly가 집에
let me in 해주질 않네요!
오늘은 안 되겠는데요?

TRAINING ① 동사의 의미와 짝꿍 단어 알기

의미 01 (Let's의 형태로) **~하자**

Let's go shopping **this weekend.** 이번 주말에 쇼핑하러 가자.

활동을 나타내는 말
- □ go on a picnic
- □ have lunch together
- □ go see a movie
- □ play badminton
- □ meet Jiho and Sumi
- □ visit his house

의미 02 **~가 (특정 행동을) 하도록 허락하다**

My parents let me go out. 나의 부모님은 내가 외출하도록 허락하신다.

행동을 나타내는 말
- □ come home late
- □ wash the dog
- □ watch TV
- □ sleep late
- □ skip piano lessons
- □ keep a cat

의미 03 **~가 (어디에) 드나들게 하다**

I let the cat into my room. 나는 고양이가 내 방에 들어오게 한다.

대상을 나타내는 말
- □ fresh air
- □ strangers
- □ the wind
- □ the person

장소·방향을 나타내는 말
- □ in
- □ out
- □ through

	현재형 3인칭 단수형	과거형	미래형
긍정형	let lets	let	will let
부정형	don't let doesn't let	didn't let	won't let

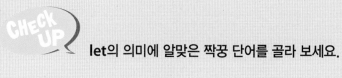

let의 의미에 알맞은 짝꿍 단어를 골라 보세요.

let: (Let's의 형태로) **~하자**

❶ Let's (go on a picnic / a birthday party) this weekend.

❷ Let's (meet Jiho and Sumi / happy) this Saturday.

❸ Let's (the office / visit his house) this weekend.

❹ Let's (three meals / go see a movie) this Sunday.

- -

let: **~가** (특정 행동을) **하도록 허락하다**

❺ Mom doesn't let me (a cough / come home late).

❻ I will let you (wash the dog / a dessert).

❼ Dad lets us (this skateboard / watch TV).

❽ He didn't let his daughter (excited / skip piano lessons).

- -

let: **~가** (어디에) **드나들게 하다**

❾ I will let the person (out / the house).

❿ She didn't let strangers (in / a movie).

⓫ He lets the wind (home / through).

⓬ They will let fresh air (his house / into their room).

⁂ 우리말 의미와 일치하도록 빈칸에 알맞은 말을 써 보세요.

A-1 | Let's | + | 활동 |

① 소풍을 가자 Let's _____

② 그의 집을 방문하자 Let's _____

③ 영화 보러 가자 Let's _____

④ _____하자 Let's _____
내맘대로

B-1 | let | + | 사람 |

⑤ 우리가 ~하도록 허락한다 let(s) _____

⑥ 네가 ~하도록 허락할 것이다 will let _____

⑦ 내가 ~하도록 허락하지 않는다 don't(doesn't) let _____

⑧ _____이/가 ~하도록 허락할 것이다 will let _____
내맘대로

C-1 | let | + | 대상 |

⑨ 바람이 ~하게 한다 let(s) _____

⑩ 그 사람이 ~하게 할 것이다 will let _____

⑪ 낯선 사람들이 ~하게 하지 않았다 didn't let _____

⑫ _____이/가 ~하게 할 것이다 will let _____
내맘대로

A-2 [Let's] + 활동 + 때

1 이번 주말에 소풍을 가자.   Let's _____.

2 이번 주말에 그의 집을 방문하자.   Let's _____.

3 이번 일요일에 영화를 보러 가자.   Let's _____.

4 _____에 _____하자.   _____
내맘대로

B-2 주어(사람) + [let] + 사람 + 행동

5 아빠는 우리가 **TV를 보도록** 허락하신다.   _____ lets _____.

6 나는 네가 **그 개를 씻기도록** 허락할 것이다.   _____ will let _____.

7 엄마는 내가 **집에 늦게 오도록** 허락하지 않으신다.   _____ doesn't let _____.

8 나는 _____이/가 _____**(하)도록** 허락할 것이다.   _____
내맘대로

C-2 주어(사람) + [let] + 대상 + 장소·방향

9 그는 바람이 **통하게** 한다.   _____ lets _____.

10 나는 그 사람이 **나가게** 할 것이다.   _____ will let _____.

11 그녀는 낯선 사람들이 **들어오게** 하지 않았다.   _____ didn't let _____.

12 나는 _____이/가 _____**(하)게** 할 것이다.   _____
내맘대로

💥 동사 **let**의 의미를 생각하며 통문장을 써 보세요.

1 이번 주말에 Jiho와 Sumi를 만나자.

Let's	*meet Jiho and Sumi*	*this weekend.*
동사	활동	때

2 이번 주말에 배드민턴을 치자.

동사	활동	때

3 이번 금요일에 함께 점심 먹자.

동사	활동	때

4 방과 후에 그녀의 집을 방문하자.

동사	활동	때

5 내일 소풍을 가자.

동사	활동	때

6 나의 아빠는 내가 고양이를 키우도록 허락하셨다.

주어	동사	사람	행동

7 엄마는 우리가 TV를 보도록 허락하실 것이다.

주어	동사	사람	행동

8 그는 그의 아들이 집에 늦게 오도록 허락했다.

주어	동사	사람	행동

9 그녀는 내가 늦게까지 자도록 허락하지 않는다.

주어	동사	사람	행동

10 나는 네가 피아노 수업에 빠지도록 허락하지 않았다.

주어	동사	사람	행동

11 나는 신선한 공기가 들어오게 할 것이다.

주어	동사	대상	방향

12 그 소년은 그 사람이 그의 집에 들어오게 했다.

주어	동사	대상	장소

13 Mr. Kang은 그의 학생들이 나가게 했다.

주어	동사	대상	방향

14 우리는 낯선 사람들이 건물에 들어오게 하지 않는다.

주어	동사	대상	장소

15 그녀는 바람이 통하게 하지 않았다.

주어	동사	대상	방향

A 다음 그림을 보고, 동사 **let**과 주어진 말을 활용하여 대화를 완성하세요.

A: Jisu, ❶ _____ tonight.
(go see a movie)

B: I'd love to. But these days my mom ❷ _____ at night.
(doesn't, go out)

A: Then, ❸ _____ at your house after school.
(watch a movie)

B: Good idea! My mom ❹ _____ .
(will, visit my house)

B 다음은 미나의 부모님이 여행을 가시면서 미나에게 당부한 내용입니다. 동사 **let**과 주어진 말을 활용하여, 우리말을 영어로 옮기세요.

> Mina!
>
> We will go on a trip for a week. Please do these things.
>
> ☑ Open the windows in the morning. ❶ It will _____ .
> 그것은 신선한 공기가 집에 통하게 할 거야. (fresh air, through the house)
>
> ☑ Open the door of your room at night. ❷ Please _____
> 네 방에 고양이가 들어오게 해라. (the cat, into your room)
>
> ☑ Please don't go out next Friday. ❸ _____
> 저녁을 함께 먹자. (have, dinner)

각 동사의 의미를 참고하여 우리말에 맞는 문장을 써 보세요.

써먹기 동사 | 05

have

| (증상이) 있다, (질병에) 걸리다 | (음식을) 먹다 | (사람)에게 (행동)을 하도록 시키다 |

❶ 나는 밤에는 간식을 먹지 않는다.

❷ 나는 올 겨울에 콧물을 흘리지 않았다.

❸ 우리는 매일 세 끼를 먹는다.

❹ 나는 너에게 그 개에게 먹이를 주라고 시킬 것이다.

❺ 나의 엄마는 내 남동생에게 식탁을 차리라고 시키신다.

❻ 그녀는 며칠간 치통이 있었다.

써먹기 동사 | 06

leave

| (목적지를 향해 출발지를) 떠나다 | ~을 (장소에) 두고 오다 | ~을 (상태) 그대로 두다 |

❶ Kelly는 부엌을 더러운 그대로 두지 않는다.

❷ 그 남자는 직장을 향해 체육관을 떠날 것이다.

❸ 그 학생들은 그들의 선생님을 화난 그대로 두었다.

❹ 그 버스는 그 도시를 향해 버스 정류장을 떠난다.

❺ 그 여자는 그녀의 휴대전화를 카페에 두고 왔다.

❻ 나는 내 사진기를 버스에 두고 오지 않았다.

써먹기 동사 | 07

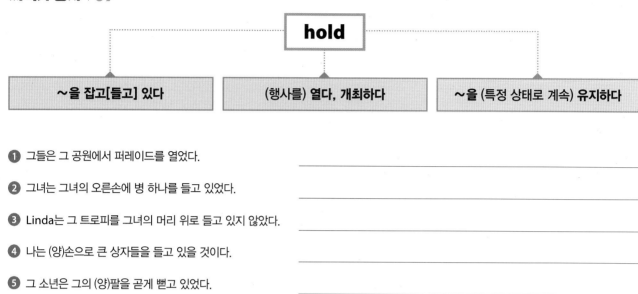

❶ 그들은 그 공원에서 퍼레이드를 열었다.

❷ 그녀는 그녀의 오른손에 병 하나를 들고 있었다.

❸ Linda는 그 트로피를 그녀의 머리 위로 들고 있지 않았다.

❹ 나는 (양)손으로 큰 상자들을 들고 있을 것이다.

❺ 그 소년은 그의 (양)팔을 곧게 뻗고 있었다.

❻ 우리는 그 식당에서 회의를 열지 않았다.

써먹기 동사 | 08

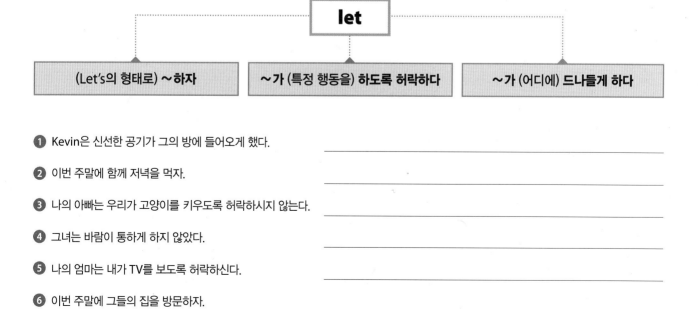

❶ Kevin은 신선한 공기가 그의 방에 들어오게 했다.

❷ 이번 주말에 함께 저녁을 먹자.

❸ 나의 아빠는 우리가 고양이를 키우도록 허락하시지 않는다.

❹ 그녀는 바람이 통하게 하지 않았다.

❺ 나의 엄마는 내가 TV를 보도록 허락하신다.

❻ 이번 주말에 그들의 집을 방문하자.

Chapter 3

짝꿍 단어에 따라
문장 구조가 달라지는 동사

써먹기 동사 | 09

bring

잰 누구지?
설마 Mike가 여친을
파티에 bring한 거야?
도대체 어떻게 사귀었지?

Mike가 매일 여친한테
flower를 bring했대.
사랑이 엄청난 changes를
bring한 거지.

Hey, guys...
안녀어어엉...

내가 보기엔 사랑이
오히려 bring
troubles
하는 것 같은데...?
Mike 다크써클 좀 봐.

TRAINING ① 동사의 의미와 짝꿍 단어 알기

의미 01 (물건·사람을) 가져오다, 데려오다

Bring your sister with you. 네 여동생을 데려와.

물건이나 사람을 나타내는 말
- □ your own cup
- □ some money
- □ some drinks
- □ your brother
- □ your partner
- □ your classmates

의미 02 ~에게 (물건을) 가져다주다

I bring my sister flowers. 나는 여동생에게 꽃을 가져다준다.

물건을 나타내는 말
- □ a spoon
- □ a subway map
- □ her blanket
- □ chopsticks
- □ a hair dryer
- □ 10 dollars

의미 03 (상태·상황을) 가져오다, 초래하다

The accident will bring many changes to their lives.
그 사고는 그들의 삶에 많은 변화들을 **초래할** 것이다.

사건·사고를 나타내는 말
- □ The news
- □ The flood
- □ The earthquake
- □ The event

상태나 상황을 나타내는 말
- □ sadness
- □ hunger
- □ happiness
- □ many troubles
- □ many problems
- □ many difficulties

	현재형 3인칭 단수형	과거형	미래형
긍정형	bring brings	brought	will bring
부정형	don't bring doesn't bring	didn't bring	won't bring

CHECK UP   **bring**의 의미에 알맞은 짝꿍 단어를 골라 보세요.

bring: (물건·사람을) **가져오다, 데려오다**

❶ Bring (the news / your own cup) with you.

❷ Bring (the earthquake / your classmates) with you.

❸ Bring (some money / sadness) with you.

❹ Bring (some drinks / tears) with you.

---

bring: ～에게 (물건을) **가져다주다**

❺ I brought my sister (your brother / a hair dryer).

❻ I will bring my dad (a subway map / the accident).

❼ Mom didn't bring me (10 dollars / your classmates).

❽ My brother brought me (the flood / chopsticks).

---

bring: (상태·상황을) **가져오다, 초래하다**

❾ The accident brought (many difficulties / straight) to our lives.

❿ The flood brought (leave / sadness) to their lives.

⓫ The news will bring (happiness / your sister) to our lives.

⓬ The earthquake brought (hunger / long time) to their lives.

✷ 우리말 의미와 일치하도록 빈칸에 알맞은 말을 써 보세요.

A-1 | bring | + 물건·사람

1 네 컵을 가져와   Bring _____

2 네 반 친구들을 데려와   Bring _____

3 돈을 좀 가져와   Bring _____

4 _____을/를 가져와   Bring _____
내맘대로

B-1 | bring | + 사람

5 내 여동생에게 가져다주었다   brought _____

6 내 아빠께 가져다드릴 것이다   will bring _____

7 나에게 가져다주지 않았다   didn't bring _____

8 _____에게 가져다주었다   brought _____
내맘대로

C-1 | bring | + 상태·상황

9 슬픔을 가져왔다   brought _____

10 많은 어려움들을 초래했다   brought _____

11 행복을 가져올 것이다   will bring _____

12 _____을/를 가져왔다   brought _____
내맘대로

A-2 | bring | + | 물건·사람 | + | with you |

① (너와 함께) 네 컵을 가져와. Bring _____.

② (너와 함께) 네 반 친구들을 데려와. Bring _____.

③ (너와 함께) 돈을 좀 가져와. Bring _____.

④ (너와 함께) _____을/를 가져와. _____
내맘대로

B-2 | 주어(사람) | + | bring | + | 사람 | + | 물건 |

⑤ 나는 내 여동생에게 **헤어드라이어를** 가져다주었다. _____ brought _____.

⑥ 나는 내 아빠께 **지하철 노선도를** 가져다드릴 것이다. _____ will bring _____.

⑦ 엄마는 내게 **10달러를** 가져다주지 않으셨다. _____ didn't bring _____.

⑧ 나는 _____에게 _____을/를 가져다주었다. _____
내맘대로

C-2 | 주어(사건·사고) | + | bring | + | 상태·상황 | + | to our/their lives |

⑨ 그 **홍수는** 그들의 삶에 슬픔을 가져왔다. _____ brought _____.

⑩ 그 **사고는** 우리의 삶에 많은 어려움들을 초래했다. _____ brought _____.

⑪ 그 **뉴스는** 우리의 삶에 행복을 가져올 것이다. _____ will bring _____.

⑫ _____은/는 우리의 삶에 _____을/를 가져왔다. _____
내맘대로

💥 동사 **bring**의 의미를 생각하며 통문장을 써 보세요.

1 돈을 좀 가져와.

Bring	*some money*	*with you.*
동사	물건	with you

2 네 오빠를 데려와.

동사	사람	with you

3 네 짝을 데려와.

동사	사람	with you

4 네 반 친구들을 데려와.

동사	사람	with you

5 네 음료들을 가져와.

동사	물건	with you

6 나는 Ann에게 그녀의 담요를 가져다줄 것이다.

주어	동사	사람	물건

7 그는 네게 숟가락을 하나 가져다줄 것이다.

주어	동사	사람	물건

8 우리는 Becky에게 꽃들을 가져다주었다.

주어	동사	사람	물건

9 그녀는 그 소년에게 지하철 노선도를 가져다주었다.

주어	동사	사람	물건

10 나는 그녀에게 헤어드라이어를 가져다주지 않았다.

주어	동사	사람	물건

11 그 사고는 그들의 삶에 슬픔을 가져올 것이다.

주어	동사	상태·상황	to their lives

12 그 홍수는 그들의 삶에 많은 문제들을 초래할 것이다.
(troubles)

주어	동사	상태·상황	to their lives

13 그 지진은 그들의 삶에 많은 문제들을 초래했다.
(problems)

주어	동사	상태·상황	to their lives

14 그 사건은 우리의 삶에 많은 변화들을 초래했다.

주어	동사	상태·상황	to our lives

15 그 뉴스는 우리의 삶에 행복을 가져왔다.

주어	동사	상태·상황	to our lives

TRAINING ④ 실전에 동사 써먹기

A 동사 **bring**과 주어진 말을 활용하여 그림의 상황에 맞는 문장을 완성하세요. (**②**, **③**은 과거형으로 쓸 것)

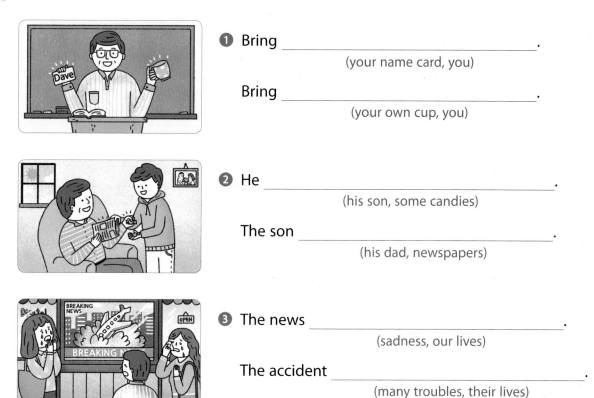

❶ Bring _____.
　　　　　　　(your name card, you)

　 Bring _____.
　　　　　　　(your own cup, you)

❷ He _____.
　　　　　　　(his son, some candies)

　 The son _____.
　　　　　　　(his dad, newspapers)

❸ The news _____.
　　　　　　　(sadness, our lives)

　 The accident _____.
　　　　　　　(many troubles, their lives)

B 동사 **bring**과 주어진 말을 활용하여 우리말에 맞게 대화를 완성하세요.

A: You know, Hojin's family had a car accident. They are in the hospital now.

B: I know. ❶ The accident _____.
　　　　　그 사고는 그들의 삶에 많은 어려움들을 초래했어. (many difficulties, their lives)

A: Oh, my god! Did you visit Hojin?

B: Yes. ❷ _____.
　　　　나는 그에게 과일들과 책들을 가져다주었어. (him, fruits and books)

　 ❸ He said, "_____."
　　　　그는 "다음엔 너와 함께 지호를 데려와."라고 말했어. (Jiho, next time)

A: I should visit him right away.

make

TRAINING ① 동사의 의미와 짝꿍 단어 알기

의미 01 ~을 만들다

I make **cakes** with **flour and butter**. 나는 밀가루와 버터로 케이크를 만든다.

음식을 나타내는 말	
□ bread	□ donuts
□ pizza	□ pasta
□ pancakes	□ salad

요리 재료를 나타내는 말	
□ eggs	□ milk
□ ham	□ mushrooms
□ tomatoes	□ lettuce

의미 02 (대상)을 (상태가) ~하게 만들다

Mom's food will make me **happy**. 엄마의 음식은 나를 행복하게 만들어줄 것이다.

상태·감정을 나타내는 말	
□ healthy	□ strong
□ full	□ hungry
□ excited	□ sleepy

의미 03 (대상)이 (동작을) 하게 만들다[시키다]

My mom makes me **read many books**. 나의 엄마는 내가 많은 책을 읽게 하신다.

동작을 나타내는 말	
□ laugh	□ exercise
□ wake up	□ go to bed
□ study more	□ make the bed

	현재형 3인칭 단수형	과거형	미래형
긍정형	make makes	made	will make
부정형	don't make doesn't make	didn't make	won't make

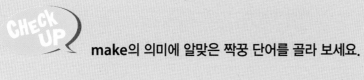 **make의 의미에 알맞은 짝꿍 단어를 골라 보세요.**

make: ~을 만들다

❶ I make (**full** / **bread**) with flour and butter.

❷ We made (**laugh** / **pizza**) with ham and mushrooms.

❸ Dad makes (**sleepy** / **pancakes**) with eggs and milk.

❹ They will make (**salad** / **exercise**) with tomatoes and lettuce.

make: (대상)을 (상태가) ~하게 만들다

❺ Mom's cooking makes me (**milk** / **healthy**).

❻ The Chinese food made us (**full** / **pasta**).

❼ Your story didn't make them (**excited** / **cakes**).

❽ The movie will make you (**sleepy** / **mushrooms**).

make: (대상)이 (동작을) 하게 만들다[시키다]

❾ My mom made my dad (**exercise** / **tomatoes**).

❿ The teacher will make the students (**study more** / **ham**).

⓫ My alarm clock didn't make me (**bread** / **wake up**).

⓬ My sister doesn't make me (**joy** / **make the bed**).

✹ 우리말 의미와 일치하도록 빈칸에 알맞은 말을 써 보세요.

A-1 | make | + 음식

❶ **팬케이크들을** 만들다   make(s) _____

❷ **피자를** 만들었다   made _____

❸ **샐러드를** 만들 것이다   will make _____

❹ _____을/를 만들 것이다   will make _____
내맘대로

B-1 | make | + 대상

❺ **나를** ~하게 만들다   make(s) _____

❻ **우리들을** ~하게 만들었다   made _____

❼ **너를** ~하게 만들 것이다   will make _____

❽ _____을/를 ~하게 만든다   make(s) _____
내맘대로

C-1 | make | + 대상

❾ **나의 아빠를** ~하게 만들었다   made _____

❿ **그 학생들을** ~하게 만들 것이다   will make _____

⓫ **나를** ~하게 만들지 않았다   didn't make _____

⓬ _____을/를 ~하게 만들 것이다   will make _____
내맘대로

A-2 | 주어(사람) | + | **make** | + | 음식 | + | with 재료 |

❶ 아빠는 달걀들과 우유로 팬케이크들을 만드신다.
_____ makes _____.

❷ 우리는 햄과 버섯들로 피자를 만들었다.
_____ made _____.

❸ 그들은 토마토들과 양상추로 샐러드를 만들 것이다.
_____ will make _____.

❹ 나는 _____로 _____을/를 만들 것이다.
내맘대로 _____

B-2 | 주어(사람·사물) | + | **make** | + | 대상 | + | 상태 |

❺ 엄마의 요리는 나를 건강하게 만든다.
_____ makes _____.

❻ 그 중국 음식은 우리들을 배부르게 만들었다.
_____ made _____.

❼ 그 영화는 너를 졸리게 만들 것이다.
_____ will make _____.

❽ _____은/는 _____을/를 _____(하)게 만든다.
내맘대로 _____

C-2 | 주어(사람·사물) | + | **make** | + | 대상 | + | 동작 |

❾ 나의 엄마는 나의 아빠를 운동하게 만드셨다.
_____ made _____.

❿ 그 선생님은 그 학생들을 더 공부하게 만들 것이다.
_____ will make _____.

⓫ 내 알람 시계는 나를 잠에서 깨게 만들지 않았다.
_____ didn't make _____.

⓬ 나는 _____을/를 _____(하)게 만들 것이다.
내맘대로 _____

✳ 동사 make의 의미를 생각하며 통문장을 써 보세요.

❶ 나는 달걀들과 양상추로 샐러드를 만든다.

I	make	salad	with eggs and lettuce.
주어	동사	음식	with 재료

❷ Jake는 밀가루와 버터로 도넛들을 만든다.

주어	동사	음식	with 재료

❸ 그 요리사는 토마토들과 버섯들로 파스타를 만든다.

주어	동사	음식	with 재료

❹ 그녀는 밀가루와 달걀들로 팬케이크들을 만들 것이다.

주어	동사	음식	with 재료

❺ 그들은 햄과 버섯들로 피자를 만들었다.

주어	동사	음식	with 재료

❻ 엄마의 음식은 나를 튼튼하게 만든다.

주어	동사	대상	상태

❼ 그 영화는 사람들을 졸리게 만들 것이다.

주어	동사	대상	상태

❽ 그 한국 음식은 그들을 배부르게 만들었다.

주어	동사	대상	상태

❾ 아빠의 요리는 나를 배고프게 만들지 않는다.

주어	동사	대상	상태

❿ 그의 수업은 그 학생들을 신나게 만들지 않는다.

주어	동사	대상	상태

⓫ 그 의사는 나를 운동하게 만든다.

주어	동사	대상	동작

⓬ 그 선생님은 우리를 더 공부하게 만들 것이다.

주어	동사	대상	동작

⓭ 그 소녀들은 그 아이들을 웃게 만들었다.

주어	동사	대상	동작

⓮ 나의 부모님은 나를 자러 가게 만드셨다.

주어	동사	대상	동작

⓯ 나의 고양이는 나를 잠에서 깨게 만들 것이다.

주어	동사	대상	동작

A 동사 **make**와 주어진 말을 활용하여, 그림의 상황에 맞는 문장을 완성하세요. (모두 과거형으로 쓸 것)

❶ My dad _____ .
               (me, help, him)

❷ He _____ .
       (pasta, ham, tomatoes and, mushrooms)

❸ Dad's pasta _____ .
           (me, full)

B 다음 질문에 대한 수지의 답변을 참고하여, 나의 답변을 완성하세요.

❶ How do you make salad for breakfast?	Suji: *I make salad with lettuce and eggs.*
	Me: *I make* _____ .
❷ What makes you excited?	Suji: *K-pop songs make me excited.*
	Me: _____ *make(s) me* _____ .
❸ Who makes you wake up in the morning?	Suji: *My mom makes me wake up in the morning.*
	Me: _____ *make(s) me* _____ .

써먹기 동사 | 11

keep

TRAINING 1 · 동사의 의미와 짝꿍 단어 알기

의미 01 계속 두다[보관하다]

We keep all letters in the drawer . 우리는 그 서랍에 모든 편지를 **보관한다.**

물건을 나타내는 말		보관 장소를 나타내는 말
□ many coins	□ the photos	□ in the album
□ the watch	□ a ring	□ in my room
□ her earrings	□ my diary	□ in the box

의미 02 (동작을) 계속하다, 유지하다

They will keep walking for a while. 그들은 잠시 동안 걷는 것을 **계속할** 것이다.

동작을 나타내는 말
- □ laughing □ crying
- □ running □ singing and dancing
- □ standing □ clapping her hands

의미 03 (대상)을 ~한 상태로 유지하다

She will keep her room clean . 그녀는 그녀의 방을 깨끗한 상태로 **유지할** 것이다.

대상을 나타내는 말		상태를 나타내는 말	
□ me	□ myself	□ happy	□ healthy
□ the food	□ his desk	□ neat	□ fresh

	현재형 3인칭 단수형	과거형	미래형
긍정형	keep keeps	kept	will keep
부정형	don't keep doesn't keep	didn't keep	won't keep

CHECK UP

keep의 의미에 알맞은 짝꿍 단어를 골라 보세요.

keep: 계속 두다[보관하다]

❶ I will keep (healthy / my diary) in the drawer.

❷ Mom keeps (her earrings / running) in the box.

❸ Jason kept (the photos / yourself) in the album.

❹ I don't keep (neat / the watch) in my room.

---

keep: (동작을) 계속하다, 유지하다

❺ I will keep (laughing / with you) for a while.

❻ They kept (hot / singing and dancing) for an hour.

❼ Dad kept (standing / this ice) for ten minutes.

❽ She kept (to stay long / clapping her hands) for a while.

---

keep: (대상)을 ~한 상태로 유지하다

❾ I will keep (fresh / myself) healthy.

❿ He doesn't keep (standing / his desk) neat.

⓫ My dog keeps me (happy / my room).

⓬ We didn't keep the food (crying / fresh).

✹ 우리말 의미와 일치하도록 빈칸에 알맞은 말을 써 보세요.

A-1 | keep | + | 물건 |

❶ 그녀의 귀걸이들을 보관하다   keep(s) _____

❷ 그 사진들을 보관했다   kept _____

❸ 내 일기장을 보관할 것이다   will keep _____

❹ _____을/를 보관한다   keep _____
내맘대로

B-1 | keep | + | 동작 |

❺ 계속 서 있었다   kept _____

❻ 계속 (그녀의 손들로) 박수를 쳤다   kept _____

❼ 계속 웃을 것이다   will keep _____

❽ 계속 _____(했)다   kept _____
내맘대로

C-1 | keep | + | 대상 |

❾ 나를 (~한 상태로) 유지하다   keep(s) _____

❿ 그의 책상을 (~한 상태로) 유지하지 않는다   don't(doesn't) keep _____

⓫ 그 음식을 (~한 상태로) 유지하지 않았다   didn't keep _____

⓬ _____을/를 유지한다   keep _____
내맘대로

A-2 | 주어(사람) | + | **keep** | + | 물건 | + | in 장소 |

❶ 엄마는 그 상자에 그녀의 귀걸이들을 보관한다.

_____ keeps _____.

❷ Jason은 그 사진첩에 그 사진들을 보관했다.

_____ kept _____.

❸ 나는 그 서랍에 내 일기장을 보관할 것이다.

_____ will keep _____.

🔆 ❹ 나는 _____에 _____을/를 보관한다.
내맘대로

_____.

B-2 | 주어(사람) | + | **keep** | + | 동작 | + | for 시간 |

❺ 아빠는 10분 동안 계속 서 계셨다.

_____ kept _____.

❻ 그녀는 잠시 동안 계속 박수를 쳤다.

_____ kept _____.

❼ 나는 잠시 동안 계속 웃을 것이다.

_____ will keep _____.

🔆 ❽ 나는 _____ 동안 계속 _____(했)다.
내맘대로

_____.

C-2 | 주어 | + | **keep** | + | 대상 | + | 상태 |

❾ 나의 개는 나를 계속 **행복하게** 한다.

_____ keeps _____.

❿ 그는 그의 책상을 **깔끔한 상태로** 유지하지 않는다.

_____ doesn't keep _____.

⓫ 우리는 그 음식을 **신선한 상태로** 유지하지 않았다.

_____ didn't keep _____.

🔆 ⓬ 나는 _____을/를 _____한 상태로 유지한다.
내맘대로

_____.

✺ 동사 **keep**의 의미를 생각하며 통문장을 써 보세요.

① 나는 그 서랍에 그 손목시계를 보관한다.

I	keep	the watch	in the drawer.
주어	동사	물건	in 장소

② Helen은 그 상자에 그녀의 일기장을 보관한다.

주어	동사	물건	in 장소

③ 나는 그 사진첩에 그 사진들을 보관할 것이다.

주어	동사	물건	in 장소

④ Greg는 그 상자에 그 편지들을 보관했다.

주어	동사	물건	in 장소

⑤ 그 남자는 그 방에 그 손목시계를 두지 않았다.

주어	동사	물건	in 장소

⑥ 나는 잠시 동안 계속 뛸 것이다.

주어	동사	동작	for 시간

⑦ 그녀는 한 시간 동안 계속 걸을 것이다.

주어	동사	동작	for 시간

⑧ 그 아이는 잠시 동안 계속 울었다.

주어	동사	동작	for 시간

⑨ 그는 잠시 동안 계속 박수를 쳤다.

주어	동사	동작	for 시간

⑩ Ben은 한 시간 동안 계속 서 있었다.

주어	동사	동작	for 시간

⑪ 나는 내 자신을 행복한 상태로 유지한다.

주어	동사	대상	상태

⑫ 그녀는 그 음식을 신선한 상태로 유지한다.

주어	동사	대상	상태

⑬ Sam은 그의 책상을 깔끔한 상태로 유지할 것이다.

주어	동사	대상	상태

⑭ 우리는 우리의 개를 건강한 상태로 유지할 것이다.

주어	동사	대상	상태

⑮ 그 소년은 그의 방을 깨끗한 상태로 유지했다.

주어	동사	대상	상태

A 동사 **keep**과 주어진 말을 활용하여, 그림을 설명하는 문장을 완성하세요. (모두 현재형으로 쓸 것)

This is Jiho's room.

❶ Jiho _____.
(his trophies, his room)

❷ He _____.
(his medals, the drawer)

❸ He _____.
(his desk, neat)

❹ He _____.
(doesn't, his bed, clean)

B 다음은 학급 체육 시간의 활동 계획표입니다. 동사 **keep**을 활용하여 문장을 완성하세요.

	Activities	Time
Warm-up	walk around the playground	5 min.
Exercise 1	jump rope	10 min.
	short break	
Exercise 2	play with hula-hoops	10 min.
Wrap-up	run around the playground	5 min.

❶ As a warm-up, we kept _____ for 5 minutes.

❷ After that, we _____. Now it's break time.

❸ Next, we will _____.

❹ As a wrap-up, we _____.

써먹기 동사 | 12

ask

TRAINING ① 동사의 의미와 짝꿍 단어 알기

의미 01 ~을 물어보다

I will ask him the answer. 나는 그에게 정답을 **물어볼** 것이다.

궁금한 것을 나타내는 말
- □ a question
- □ the reason
- □ the schedule
- □ the way to the station
- □ the meaning
- □ the title of the book

의미 02 (~을 달라고) 요청하다, 부탁하다

I will ask him *for* advice. 나는 그에게 조언을 **요청할** 것이다.

요청하는 것을 나타내는 말
- □ help
- □ favors
- □ a job
- □ information
- □ money
- □ a drink

의미 03 (~해 달라고) 부탁하다

I asked him *to* stay with me. 나는 그에게 나와 같이 있어 달라고 **부탁했다**.

부탁하는 내용을 나타내는 말
- □ visit me
- □ help me
- □ drop by
- □ explain it
- □ pick me up
- □ drive me to school

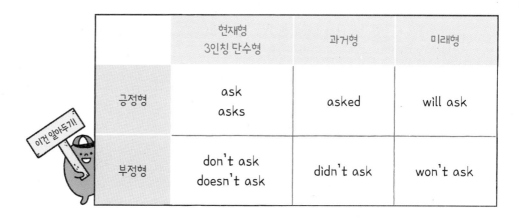

	현재형 3인칭 단수형	과거형	미래형
긍정형	ask asks	asked	will ask
부정형	don't ask doesn't ask	didn't ask	won't ask

CHECK UP   **ask**의 의미에 알맞은 짝꿍 단어를 골라 보세요.

ask: ～을 물어보다

❶ I asked him (**the reason** / visit me).

❷ Sally will ask you (**the schedule** / drop by).

❸ I didn't ask the teacher (**the answer** / pick me up).

❹ We asked her (teach me / **the title of the book**).

---

ask: (～을 달라고) 요청하다, 부탁하다

❺ We will ask him for (**favors** / healthy).

❻ He didn't ask her for (**a job** / happy).

❼ Linda doesn't ask him for (explain it / **help**).

❽ I asked them for (sick / **information**).

---

ask: (～해 달라고) 부탁하다

❾ I asked Mom to (**drive me to school** / home).

❿ They asked the woman to (the time / **explain it**).

⓫ Helen will ask him to (the restaurant / **drop by**).

⓬ I didn't ask Pam to (the price / **help me**).

※ 우리말 의미와 일치하도록 빈칸에 알맞은 말을 써 보세요.

A-1 | ask | + | 사람 |

① 그녀에게 물어보았다   asked _____

② 너에게 물어볼 것이다   will ask _____

③ 그 선생님께 물어보지 않았다   didn't ask _____

④ _____에게 물어볼 것이다   will ask _____
내맘대로

B-1 | ask | + | 사람 |

⑤ 그들에게 요청했다   asked _____

⑥ 그에게 부탁할 것이다   will ask _____

⑦ 그녀에게 부탁하지 않았다   didn't ask _____

⑧ _____에게 부탁할 것이다   will ask _____
내맘대로

C-1 | ask | + | 사람 |

⑨ 그 여자에게 (~해 달라고) 부탁했다   asked _____

⑩ 엄마께 (~해 달라고) 부탁했다   asked _____

⑪ 그에게 (~해 달라고) 부탁할 것이다   will ask _____

⑫ _____에게 부탁했다   asked _____
내맘대로

A-2 **주어(사람)** + **ask** + **사람** + **궁금한 것**

① **우리는** 그녀에게 **그 책의 제목을** 물어보았다.   _____ asked _____.

② **Sally는** 너에게 **일정을** 물어볼 것이다.   _____ will ask _____.

③ **나는** 그 선생님께 **정답을** 물어보지 않았다.   _____ didn't ask _____.

④ **나는** _____에게 _____을/를 물어볼 것이다.   _____
내맘대로

B-2 **주어(사람)** + **ask** + **사람** + **for 요청하는 것**

⑤ **나는** 그들에게 **정보를** 요청했다.   _____ asked _____.

⑥ **우리는** 그에게 **호의를** 부탁할 것이다.   _____ will ask _____.

⑦ **그는** 그녀에게 **일자리를** 부탁하지 않았다.   _____ didn't ask _____.

⑧ **나는** _____에게 _____을/를 부탁할 것이다.   _____
내맘대로

C-2 **주어(사람)** + **ask** + **사람** + **to 부탁하는 내용**

⑨ **그들은** 그 여자에게 **그것을 설명해 달라고** 부탁했다.   _____ asked _____.

⑩ **나는** 엄마께 **나를 학교까지 태워 달라고** 부탁했다.   _____ asked _____.

⑪ **Helen은** 그에게 **들르라고** 부탁할 것이다.   _____ will ask _____.

⑫ **나는** _____에게 _____ **달라고** 부탁했다.   _____
내맘대로

✹ 동사 **ask**의 의미를 생각하며 통문장을 써 보세요.

❶ 나는 그녀에게 정답을 물어볼 것이다.

I	will ask	her	the answer.
주어	동사	사람	궁금한 것

❷ 나는 그에게 그 역으로 가는 길을 물어볼 것이다.

주어	동사	사람	궁금한 것

❸ 그는 Susan에게 그 이유를 물어볼 것이다.

주어	동사	사람	궁금한 것

❹ 그들은 그 선생님에게 그 의미를 물어보았다.

주어	동사	사람	궁금한 것

❺ Kevin은 나에게 일정을 물어보았다.

주어	동사	사람	궁금한 것

❻ 나는 그들에게 조언을 부탁할 것이다.

주어	동사	사람	for 요청하는 것

❼ Jason은 그의 엄마에게 돈을 부탁드릴 것이다.

주어	동사	사람	for 요청하는 것

❽ 그 여자는 그에게 마실 것을 부탁했다.

주어	동사	사람	for 요청하는 것

❾ Ben은 나에게 도움을 요청하지 않는다.

주어	동사	사람	for 요청하는 것

❿ 그녀는 그 선생님께 정보를 요청하지 않았다.

주어	동사	사람	for 요청하는 것

⓫ 나는 나의 아빠에게 나를 데리러 오라고 부탁드린다.

주어	동사	사람	to 부탁하는 내용

⓬ 나는 Nancy에게 나를 방문하라고 부탁할 것이다.

주어	동사	사람	to 부탁하는 내용

⓭ Mr. Lim은 그녀에게 그것을 설명해 달라고 부탁했다.

주어	동사	사람	to 부탁하는 내용

⓮ 나는 Daniel에게 나와 같이 있어 달라고 부탁했다.

주어	동사	사람	to 부탁하는 내용

⓯ Owen은 그녀에게 들르라고 부탁하지 않았다.

주어	동사	사람	to 부탁하는 내용

TRAINING ④ 실전에 동사 써먹기

A 다음은 오늘 아침에 **Cindy**에게 있었던 일을 나타낸 그림입니다. 동사 **ask**와 주어진 말을 활용하여 두 사람의 대화를 완성하세요.

A: Cindy, did you sleep late again?

B: Yes. ❶ I _____ , but she said no.
　　　　　　　　(my mom, drive to school)

A: How did you come to school?

B: I took a taxi. But I didn't bring my wallet. ❷ I _____ .
　　　　　　　　　　　　　　　　　　　　　　　(the driver, wait)

A: And then?

B: ❸ I _____ .
　　　(my classmate, lend me some money)

B 다음은 지호가 민지의 책상 위에 두고 간 쪽지입니다. 동사 **ask**와 주어진 말을 활용하여, 쪽지의 내용과 관련된 문장을 완성하세요. (모두 과거형으로 쓸 것)

> Minji,
>
> Are you free today after school? I need your help. I'll go shopping for clothes. I want you to pick some clothes for me. Please send me a text if you can come. 　　– Jiho

❶ Jiho _____ . (Minji, today's schedule)

❷ Jiho _____ with him. (Minji, go shopping)

❸ Jiho _____ to pick some clothes. (Minji, help)

❹ Jiho _____ . (Minji, send him a text)

각 동사의 의미를 참고하여 우리말에 맞는 문장을 써 보세요.

써먹기 동사 | 09

bring

| (물건·사람을) 가져오다, 데려오다 | ~에게 (물건을) 가져다주다 | (상태·상황을) 가져오다, 초래하다 |

❶ (너와 함께) 마실 것을 좀 가져와. _____

❷ Daniel은 그 남자에게 지하철 노선도를 가져다주었다. _____

❸ (너와 함께) 네 짝을 데려와. _____

❹ 그 소식은 우리의 삶에 슬픔을 가져올 것이다. _____

❺ 그 웨이터가 네게 젓가락들을 가져다줄 것이다. _____

❻ 그 지진은 그들의 삶에 많은 문제들을 가져왔다. _____

써먹기 동사 | 10

make

| ~을 만들다 | (대상)을 (상태가) ~하게 만들다 | (대상)이 (동작을) 하게 만들다[시키다] |

❶ 그 소년들은 햄과 토마토들로 피자를 만들었다. _____

❷ 나의 아빠는 내가 공부를 더 하게 하시지 않는다. _____

❸ 그의 노래들은 사람들을 신나게 만든다. _____

❹ 그 알람 시계가 그들을 잠에서 깨게 할 것이다. _____

❺ 그 영화는 우리를 졸리게 만들지 않았다. _____

❻ 그 요리사는 달걀들과 버섯들로 파스타를 만든다. _____

써먹기 동사 | 11

keep

| 계속 두다[보관하다] | (동작을) 계속하다, 유지하다 | (대상)을 ~한 상태로 유지하다 |

1 Susan은 그녀 자신을 행복한 상태로 유지할 것이다.

2 그들은 10분 동안 계속 뛸 것이다.

3 그 냉장고는 그 음식을 신선한 상태로 유지한다.

4 그녀는 그 상자에 그 귀걸이들을 보관한다.

5 나는 내 방에 내 일기장을 보관하지 않는다.

6 나의 할머니는 잠시 동안 계속 박수를 치셨다.

써먹기 동사 | 12

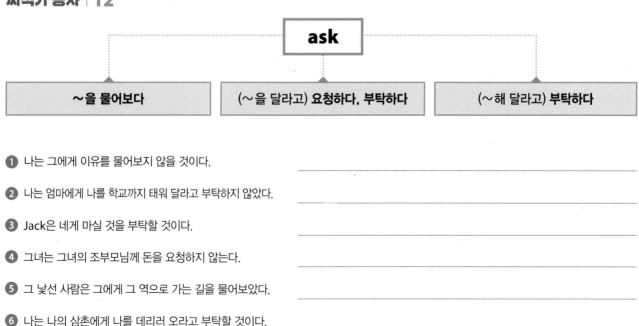

ask

| ~을 물어보다 | (~을 달라고) 요청하다, 부탁하다 | (~해 달라고) 부탁하다 |

1 나는 그에게 이유를 물어보지 않을 것이다.

2 나는 엄마에게 나를 학교까지 태워 달라고 부탁하지 않았다.

3 Jack은 네게 마실 것을 부탁할 것이다.

4 그녀는 그녀의 조부모님께 돈을 요청하지 않는다.

5 그 낯선 사람은 그에게 그 역으로 가는 길을 물어보았다.

6 나는 나의 삼촌에게 나를 데리러 오라고 부탁할 것이다.

Chapter 4

의미가 같은 듯 다른 동사

look watch see

TRAINING ① 동사의 의미와 짝꿍 단어 알기

동사 01 **look**: (겉모습이) ~해 보이다

You look great after that haircut. 너는 머리를 그렇게 자르고 나니 멋져 **보인다.**

상태를 나타내는 말
□ nice   □ old
□ pretty   □ cool
□ young   □ funny

동사 02 **watch**: (시간과 관심을 기울여서) **보다, 지켜보다**

I watch a movie once a month. 나는 영화를 한 달에 한 번 **본다.**

보는 대상을 나타내는 말
□ TV   □ a baseball game
□ a play   □ a basketball game
□ the show   □ a soccer match

동사 03 **see**: (사람·동물이) ~하고 있는 것을 보다[목격하다]

I didn't see her coming. 나는 그녀가 오는 것을 **보지** 않았다.

행동을 나타내는 말
□ walking   □ jumping
□ standing   □ sleeping
□ sitting   □ studying

	현재형 / 3인칭 단수형	과거형	미래형
긍정형	look / looks watch / watches see / sees	looked watched saw	will look will watch will see
부정형	don't look / doesn't look don't watch / doesn't watch don't see / doesn't see	didn't look didn't watch didn't see	won't look won't watch won't see

이건 알아두기!!

CHECK UP look, watch, see의 의미에 알맞은 짝꿍 단어를 골라 보세요.

look: (겉모습이) ~해 보인다

❶ You look (**young** / running) after that haircut.

❷ She didn't look (a play / **funny**) after that haircut.

❸ Sam looks (**nice** / studying) after the diet.

❹ You looked (walking / **cool**) after the diet.

- -

watch: (시간과 관심을 기울여서) **보다, 지켜보다**

❺ I watch (fine / **a play**) once a month.

❻ They watched (jumping / **a soccer match**) once a month.

❼ Kelly watches (**the show** / cool) once a month.

❽ I will watch (**a baseball game** / funny) once a month.

- -

see: (사람·동물이) ~하고 있는 것을 보다[목격하다]

❾ I saw her (**walking** / old) in the park.

❿ I didn't see her (a musical / **standing**) at the door.

⓫ I saw the boy (nice / **jumping**) on the bed.

⓬ My dad saw me (a documentary / **studying**) in my room.

✳ 우리말 의미와 일치하도록 빈칸에 알맞은 말을 써 보세요.

A-1 | look | + | 상태 |

❶ 어려 보인다   look _____

❷ 멋져 보인다   look(s) _____

❸ 웃겨 보이지 않았다   didn't look _____

❹ _____ 해 보인다   look _____
내맘대로

B-1 | watch | + | 보는 대상 |

❺ 연극 한 편을 본다   watch _____

❻ 그 공연을 본다   watch(es) _____

❼ 축구 경기를 보았다   watched _____

❽ _____ 을/를 본다   watch _____
내맘대로

C-1 | see | + | 사람 |

❾ 그녀가 ~하고 있는 것을 보았다   saw _____

❿ 그가 ~하고 있는 것을 보았다   saw _____

⓫ 그녀가 ~하고 있는 것을 보지 않았다   didn't see _____

⓬ _____ 가 ~하고 있는 것을 보았다   saw _____
내맘대로

A-2 | 주어(사람) | + | **look** | + | 상태 | + | after 특정 상황 |

① 너는 머리를 그렇게 자르고 나니 어려 보인다.

_____ look _____ .

② Sam은 다이어트를 하고 나니 멋져 보인다.

_____ looks _____ .

③ 그녀는 머리를 그렇게 자르고 나니 웃겨 보이지 않았다.

_____ didn't look _____ .

④ 너는 _____ 하고 나니 _____ 해 보인다.

_____ .

내맘대로

B-2 | 주어(사람) | + | **watch** | + | 보는 대상 | + | 횟수 |

⑤ 나는 한 달에 한 번 연극 한 편을 본다.

_____ watch _____ .

⑥ Kelly는 한 달에 한 번 그 공연을 본다.

_____ watches _____ .

⑦ 그들은 한 달에 한 번 축구 경기를 보았다.

_____ watched _____ .

⑧ 나는 _____ 번 _____ 을/를 본다.

_____ .

내맘대로

C-2 | 주어(사람) | + | **see** | + | 사람 | + | 행동 |

⑨ 나는 그녀가 걷고 있는 것을 보았다.

_____ saw _____ .

⑩ 나의 아빠는 내가 공부하고 있는 것을 보셨다.

_____ saw _____ .

⑪ 나는 그녀가 서 있는 것을 보지 않았다.

_____ didn't see _____ .

⑫ 나는 _____ 가 _____ 하고 있는 것을 보았다.

_____ .

내맘대로

✸ 괄호 안에 주어진 동사를 활용해 통문장을 써 보세요. (❶-❺ look / ❻-❿ watch / ⓫-⓯ see)

❶ 너는 머리를 그렇게 자르고 나니 멋져 보인다.

You	look	cool	after that haircut.
주어	동사	상태	after 특정 상황

❷ Tina는 머리를 그렇게 자르고 나니 나이 들어 보인다.

주어	동사	상태	after 특정 상황

❸ 그는 머리를 그렇게 자르고 나니 웃겨 보이지 않는다.

주어	동사	상태	after 특정 상황

❹ 그들은 조깅 후에 좋아 보였다.

주어	동사	상태	after 특정 상황

❺ 그녀는 다이어트를 하고 나니 멋져 보이지 않았다.

주어	동사	상태	after 특정 상황

❻ 나는 한 달에 한 번 야구 경기를 본다.

주어	동사	보는 대상	횟수

❼ 우리는 한 달에 한 번 농구 경기를 본다.

주어	동사	보는 대상	횟수

❽ Jake는 매일 밤 TV를 본다.

주어	동사	보는 대상	횟수

❾ 그녀는 일주일에 한 번 영화 한 편을 본다.

주어	동사	보는 대상	횟수

❿ Ms. White는 일주일에 한 번 연극 한 편을 본다.

주어	동사	보는 대상	횟수

⓫ 나는 그들이 서 있는 것을 보았다.

주어	동사	사람	행동

⓬ 우리는 그 어린이들이 점프하는 것을 보았다.

주어	동사	사람	행동

⓭ 나는 그 아기가 자는 것을 보았다.

주어	동사	사람	행동

⓮ 그들은 네가 울고 있는 것을 보지 않았다.

주어	동사	사람	행동

⓯ 그녀는 내가 걷는 것을 보지 않았다.

주어	동사	사람	행동

A 동사 **look, watch, see**와 주어진 말을 활용하여 그림의 상황에 맞는 문장을 완성하세요.
(모두 현재형으로 쓸 것)

❶ The boy _____ after running.
　　　　　　(tired)

　 The girl _____ after running.
　　　　　　(fine)

❷ Linda _____.
　　　　　(a movie, once a week)

　 She _____.
　　　(a musical, once a month)

❸ I _____ in his room.
　　　(my brother, singing)

　 I _____ in his room.
　　　(playing the guitar)

B 동사 **look, watch, see**와 주어진 말을 활용하여 두 사람의 대화를 완성하세요.

A: Wow, ❶ you _____.
　　　　　　　(nice, after the diet)

B: Thanks. I lost 3 kilograms. I just ran and ran at the park.

A: Ah, ❷ I _____ at the park.
　　　　　(you, running and walking)

B: Let's exercise together tomorrow at the park.

A: Sorry. ❸ I will _____.
　　　　　　　(a movie, with my sister)

써먹기 동사 | 14

say
talk
tell

이 영화 꿀잼이지? 각자 좋았던 부분을 talk about 해보자. 너 먼저 tell me your opinion 해줘!

흠…솔직히… 난 이 영화 다시 보고 싶냐고 묻는다면 say no할래.

WHAT!?!

굳이 좋았던 걸 say하자면… 그 영화관 hotdog야. 다시 먹겠냐고 묻는다면 definitely say yes지!!

TRAINING ① 동사의 의미와 짝꿍 단어 알기

동사 01

say: (사람)에게 ～라고 말하다

I say goodbye to my friends. 나는 내 친구들에게 작별 인사를 말한다.

표현·내용을 나타내는 말
- □ a word   □ something
- □ hello   □ everything
- □ sorry   □ no / yes

동사 02

talk: (사람)에게 (어떤 주제·화제)에 대해 말하다

I talked *to* him *about* the accident. 나는 그에게 사고에 대해 말했다.

주제·화제를 나타내는 말
- □ the movie   □ our English class
- □ myself   □ the trip
- □ their last vacation □ the weather

동사 03

tell: (사람)에게 (내용)을 말하다[알려 주다]

She told me the good news. 그녀는 내게 좋은 소식을 말해 주었다.

말하는 내용을 나타내는 말
- □ a story   □ a lie
- □ its history □ a riddle
- □ the reason   □ her secret

	현재형 / 3인칭 단수형	과거형	미래형
긍정형	say / says talk / talks tell / tells	said talked told	will say will talk will tell
부정형	don't say / doesn't say don't talk / doesn't talk don't tell / doesn't tell	didn't say didn't talk didn't tell	won't say won't talk won't tell

CHECK UP

say, talk, tell의 의미에 알맞은 짝꿍 단어를 골라 보세요.

say: (사람)에게 ~라고 말하다

❶ I say (**hello** / fine) to my friends.

❷ I didn't say (old / **a word**) to my friends.

❸ He doesn't say (**no** / hungry) to his friends.

❹ Tina said (**sorry** / full) to her friends.

talk: (사람)에게 (어떤 주제·화제)에 대해 말하다

❺ I talked to him about (ten minutes / **our English class**).

❻ I will talk to her about (upset / **myself**).

❼ He doesn't talk to us about (**the trip** / sleepy).

❽ They didn't talk to me about (sitting / **their last vacation**).

tell: (사람)에게 (내용)을 말하다[알려 주다]

❾ I will tell you (**a riddle** / excited).

❿ She didn't tell you (**a story** / cool).

⓫ Tim didn't tell her (nervous / **a lie**).

⓬ I told him (strong / **the reason**).

✳ 우리말 의미와 일치하도록 빈칸에 알맞은 말을 써 보세요.

A-1 | say | + | 표현·내용

❶ 미안하다고 말했다   said _____

❷ no라고 말하지 않는다   don't(doesn't) say _____

❸ 한 마디도 하지 않았다   didn't say _____

❹ _____을/를 말했다   said _____
내맘대로

B-1 | talk | + | to 사람

❺ 그에게 (~에 대해) 말했다   talked _____

❻ 그녀에게 (~에 대해) 말할 것이다   will talk _____

❼ 나에게 (~에 대해) 말하지 않았다   didn't talk _____

❽ _____에게 (~에 대해) 말할 것이다   will talk _____
내맘대로

C-1 | tell | + | 사람

❾ 네게 (~을) 말할 것이다   will tell _____

❿ 그에게 (~을) 말했다   told _____

⓫ 그녀에게 (~을) 말하지 않았다   didn't tell _____

⓬ _____에게 (~을) 말했다   told _____
내맘대로

A-2 | 주어(사람) | + | **say** | + | 표현·내용 | + | to 사람 |

① Tina는 그녀의 친구들에게 미안하다고 말했다.   _____ said _____ .

② 그는 그의 친구들에게 no라고 말하지 않는다.   _____ doesn't say _____ .

③ 나는 내 친구들에게 한 마디도 하지 않았다.   _____ didn't say _____ .

④ 나는 _____에게 _____을/를 말했다.   _____ .
내맘대로

B-2 | 주어(사람) | + | **talk** | + | to 사람 | + | about 주제·화제 |

⑤ 나는 그에게 우리의 영어 수업에 대해 말했다.   _____ talked _____ .

⑥ 나는 그녀에게 나 자신에 대해 말할 것이다.   _____ will talk _____ .

⑦ 그들은 나에게 그들의 지난 방학에 대해 말하지 않았다.   _____ didn't talk _____ .

⑧ 나는 _____에게 _____에 대해 말할 것이다.   _____ .
내맘대로

C-2 | 주어(사람) | + | **tell** | + | 사람 | + | 말하는 내용 |

⑨ 나는 네게 수수께끼 하나를 낼 것이다.   _____ will tell _____ .

⑩ 나는 그에게 그 이유를 말했다.   _____ told _____ .

⑪ Tim은 그녀에게 거짓말을 하지 않았다.   _____ didn't tell _____ .

⑫ 나는 _____에게 _____을/를 말했다.   _____ .
내맘대로

✳️ 괄호 안에 주어진 동사를 활용해 통문장을 써 보세요. (①–⑤ say / ⑥–⑩ talk / ⑪–⑮ tell)

① 나는 내 친구들에게 미안하다고 말했다.

_I_	_said_	_sorry_	_to my friends._
주어	동사	표현·내용	to 사람

② James는 네게 뭔가를 말할 것이다.

주어	동사	표현·내용	to 사람

③ 나는 내 부모님께 no라고 말할 것이다.

주어	동사	표현·내용	to 사람

④ 내 남동생은 내게 모든 것을 말했다.

주어	동사	표현·내용	to 사람

⑤ 그들은 그 선생님에게 한 마디도 말하지 않았다.

주어	동사	표현·내용	to 사람

⑥ 나는 Steve에게 그 영화에 대해 말했다.

주어	동사	to 사람	about 주제·화제

⑦ 그녀는 그 학생들에게 날씨에 대해 말했다.

주어	동사	to 사람	about 주제·화제

⑧ 나는 너희들에게 내 자신에 대해 말할 것이다.

주어	동사	to 사람	about 주제·화제

⑨ Ben은 우리에게 그의 지난 방학에 대해 말하지 않았다.

주어	동사	to 사람	about 주제·화제

⑩ 그 남자는 그들에게 그 여행에 대해 말하지 않았다.

주어	동사	to 사람	about 주제·화제

⑪ 그 소녀는 나에게 그녀의 비밀을 말해 주었다.

주어	동사	사람	말하는 내용

⑫ 그 선생님은 그 학생들에게 그것의 역사를 말해 주었다.

주어	동사	사람	말하는 내용

⑬ 나는 네게 이야기 하나를 해 줄 것이다.

주어	동사	사람	말하는 내용

⑭ Greg는 그들에게 좋은 소식을 말해 줄 것이다.

주어	동사	사람	말하는 내용

⑮ 그녀는 우리에게 그 이유를 말하지 않았다.

주어	동사	사람	말하는 내용

A 다음은 수진이가 각 사람에게 할 말을 메모한 것입니다. 동사 **say, talk, tell**을 활용하여 메모와 관련된 문장을 완성하세요.

> ✓ **to Minsu:** no about the invitation to his party
>
> ✓ **to Mom:** about my worries
>
> ✓ **to Mr. Choi:** the reason I was late today

❶ Sujin will say _____ about the invitation to his party.

❷ Sujin will talk _____.

❸ Sujin will tell _____ she was late today.

B 다음은 진우가 수진이와 주고받은 문자 메시지들입니다. 동사 **say, talk, tell**과 주어진 말을 사용하여 밑줄 친 우리말을 영어로 바르게 옮기세요. (각 동사를 한 번씩만 쓸 것)

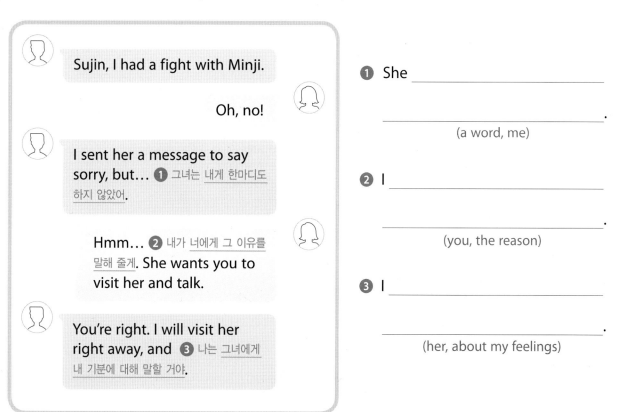

Sujin, I had a fight with Minji.

Oh, no!

I sent her a message to say sorry, but... ❶ 그녀는 내게 한마디도 하지 않았어.

Hmm... ❷ 내가 너에게 그 이유를 말해 줄게. She wants you to visit her and talk.

You're right. I will visit her right away, and ❸ 나는 그녀에게 내 기분에 대해 말할 거야.

❶ She _____

_____.
(a word, me)

❷ I _____

_____.
(you, the reason)

❸ I _____

_____.
(her, about my feelings)

써먹기 동사 | 15

become turn change

가을이 되니까 부쩍 turn chilly 한 것 같아.

이미 산에는 나뭇잎이 단풍잎으로 change했대.

가을이 천고마비의 season이라 그런가... 난 자꾸 become heavier하고 있어...

천고마비가 너랑 먼 상관...?

천!고!마(이크)!비~ 하늘은 become higher, Mike는 become heavier란 뜻이지!

TRAINING ① 동사의 의미와 짝꿍 단어 알기

동사 01 **become**: (상태) ~하게 되다

He will become **taller** *and* **heavier**. 그는 키가 더 커지고 더 무거워질 것이다.

상태를 나타내는 말
- □ stronger   □ more active
- □ thinner   □ more popular
- □ lighter   □ more beautiful

동사 02 **turn**: (날씨·명암) ~하게 되다

It turns **cold** **in winter**. 겨울에는 (날씨가) 추워**진다**.

날씨·명암을 나타내는 말
- □ warm   □ chilly
- □ dark   □ sunny
- □ clear   □ cloudy

계절·때를 나타내는 말
- □ in spring   □ in summer
- □ in fall   □ in the morning
- □ at night   □ in the evening

동사 03 **change**: (상태) ~로 변하다

A girl changes *into* **a woman**. 소녀는 여성**으로** 변한다.

변화 전 / 변화 후 상태를 나타내는 말
- □ a boy / a man   □ a child / an adult
- □ a chick / a chicken □ the frog / the prince
- □ ice / water   □ a caterpillar / a butterfly

	현재형 / 3인칭 단수형	과거형	미래형
긍정형	become / becomes turn / turns change / changes	became turned changed	will become will turn will change
부정형	don't become / doesn't become don't turn / doesn't turn don't change / doesn't change	didn't become didn't turn didn't change	won't become won't turn won't change

이건 알아두기!!

CHECK UP

become, turn, change의 의미에 알맞은 짝꿍 단어를 골라 보세요.

become: (상태) ~하게 되다

❶ You will become (sitting / taller) and heavier.

❷ My brother became (stronger / exercise more) and more active.

❸ I became (in summer / thinner) and lighter.

❹ She becomes (a movie / more beautiful) and more popular.

turn: (날씨·명암) ~하게 되다

❺ It turns (dark / water) at night.

❻ It turns (chilly / at night) in fall.

❼ It will turn (shouting / sunny) in the morning.

❽ It turned (the prince / cloudy) in the evening.

change: (상태) ~로 변하다

❾ A chick changes into (clear / a chicken).

❿ A child changes into (an adult / lighter).

⓫ Ice changes into (water / in winter).

⓬ The frog will change into (more active / the prince).

TRAINING ② 　**동사에 단어 꿰기**

🌟 우리말 의미와 일치하도록 빈칸에 알맞은 말을 써 보세요.

A-1 　**become** 　+ 　상태

❶ 더 아름다워진다 　　　　　　　become(s) _____

❷ 키가 더 커질 것이다 　　　　　will become _____

❸ 더 튼튼해졌다 　　　　　　　　became _____

❹ _____(해)졌다 　　became _____
내맘대로

B-1 　**turn** 　+ 　날씨·명암

❺ 어두워진다 　　　　　　　　　turns _____

❻ 쌀쌀해진다 　　　　　　　　　turns _____

❼ 화창해질 것이다 　　　　　　　will turn _____

❽ _____(해)진다 　　turns _____
내맘대로

C-1 　주어(변화 전 상태) 　+ 　**change**

❾ 병아리는 변한다 　　　　　_____ changes

❿ 아이는 변한다 　　　　　　_____ changes

⓫ 그 개구리는 변할 것이다 　_____ will change

⓬ _____은/는 변한다 　_____ changes
내맘대로

A-2 주어(사람) + **become** + 상태 + and 상태

1 그녀는 더 아름다워지고 **더 인기 있어진다.**

_____ becomes _____.

2 너는 키가 더 커지고 **더 무거워질 것이다.**

_____ will become _____.

3 나의 형은 더 튼튼해졌고 **더 활발해졌다.**

_____ became _____.

4 나는 _____(해)졌고 _____(해)졌다.
내맘대로

_____.

B-2 It + **turn** + 날씨·명암 + in/at 계절·때

5 밤에는 어두워진다.

_____ turns _____.

6 가을에는 쌀쌀해진다.

_____ turns _____.

7 아침에는 화창해질 것이다.

_____ will turn _____.

8 _____에는 _____(해)진다.
내맘대로

_____.

C-2 주어(변화 전 상태) + **change** + into (변화 후) 상태

9 병아리는 **닭으로** 변한다.

_____ changes _____.

10 아이는 **어른으로** 변한다.

_____ changes _____.

11 그 개구리는 **그 왕자로** 변할 것이다.

_____ will change _____.

12 _____은/는 _____(으)로 변한다.
내맘대로

_____.

💥 괄호 안에 주어진 동사를 활용해 통문장을 써 보세요. (❶–❺ become / ❻–❿ turn / ⓫–⓯ change)

1 그 소년은 키가 더 커지고 더 무거워질 것이다.

The boy	*will become*	*taller and heavier.*
주어	동사	상태 and 상태

2 Jina는 더 아름다워지고 인기가 더 많아졌다.

주어	동사	상태 and 상태

3 그 소년은 더 똑똑해지고 더 활발해지지 않았다.

주어	동사	상태 and 상태

4 그녀는 더 강해질 것이고 더 아름다워질 것이다.

주어	동사	상태 and 상태

5 나는 더 마르고 더 가벼워졌다.

주어	동사	상태 and 상태

6 봄에는 따뜻해진다.

It			
It	동사	날씨	in 계절

7 여름에는 더워진다.

It			
It	동사	날씨	in 계절

8 아침에는 맑아질 것이다.

It			
It	동사	날씨	in 때

9 아침에는 화창해질 것이다.

It			
It	동사	날씨	in 때

10 저녁에는 구름이 낄 것이다.

It			
It	동사	날씨	in 때

11 소년은 남자로 변한다.

주어(변화 전)	동사	into 변화 후

12 얼음은 물로 변한다.

주어(변화 전)	동사	into 변화 후

13 애벌레는 나비로 변한다.

주어(변화 전)	동사	into 변화 후

14 소녀는 여자로 변한다.

주어(변화 전)	동사	into 변화 후

15 그 돌은 황금으로 변할 것이다.

주어(변화 전)	동사	into 변화 후

TRAINING ④ 실전에 동사 써먹기

A 동사 **become, turn, change**와 주어진 말을 활용하여 그림의 상황에 맞는 문장을 완성하세요. (모두 현재형으로 쓸 것)

❶ The boy _____.
　　　　　　　　　(taller, heavier)

　　He _____.
　　　　　(more active, smarter)

❷ It _____.
　　　　(cold, winter)

　　It _____.
　　　　(dark, night)

❸ Frog eggs _____.
　　　　　　　(into, tadpoles)

　　Tadpoles _____.
　　　　　　(into, frogs)

B 동사 **become, turn, change**와 주어진 말을 활용하여 우리말에 맞게 글을 완성하세요.

❶ It _____. A boy was walking
　　　　밤에는 추워졌다. (cold, at night)

along the street. ❷ His shadow _____.
　　　　　　　　　　그의 그림자는 더 길어졌고 더 짙어졌다. (longer, darker)

He started to walk quickly. Suddenly, someone touched his shoulder.

It was his father! ❸ _____
　　　　　　　　그의 두려움은 안심으로 변했다. (his fear, relief)

써먹기 동사 | 16

hope
want
wish

나는 우리가 시험 없는 세상에서 살 수 있길 wish해!

어른들은 우리가 좋은 성적을 받길 hope하시지만, 행복은 성적순이 아니라고 …!!

난 네가 그런 생각할 시간에 제발 study하기를 want해.
너 같은 엄친아가 뭘 알겠냐 … 흑흑

TRAINING ① 동사의 의미와 짝꿍 단어 알기

동사 01 hope: 희망하다, 바라다

I hope *to* see you again. 나는 다시 너를 보기를 **바란다.**

바라는 일을 나타내는 말
- □ hear from you □ visit the city
- □ play with you □ win the race
- □ talk to you □ see the movie

동사 02 want: (사람)이 ~하기를 원하다

I want you *to* help me with my homework. 나는 네가 내 숙제를 도와주기를 **원한다.**

원하는 행동을 나타내는 말
- □ join us □ keep a secret
- □ be quiet □ eat more vegetables
- □ buy it for me □ have a good time

동사 03 wish: (가능성이 낮거나 불가능한 것을 소망하며) ~이면 좋겠다

I wish I were taller. 나는 내가 더 키가 컸으면 **좋겠다.**

소망하는 일을 나타내는 말
- □ it were Christmas □ I were Superman
- □ I were rich □ you were here
- □ I were a grown-up □ my grandfather were alive

	현재형 / 3인칭 단수형	과거형	미래형
긍정형	hope / hopes want / wants wish / wishes	hoped wanted wished	will hope will want will wish
부정형	don't hope / doesn't hope don't want / doesn't want don't wish / doesn't wish	didn't hope didn't want didn't wish	won't hope won't want won't wish

CHECK UP hope, want, wish의 의미에 알맞은 짝꿍 단어를 골라 보세요.

hope: 희망하다, 바라다

❶ I hope to (I were a bird / **play with you**) again.

❷ I hope to (her / **talk to you**) soon.

❸ They hope to (**win the race** / more vegetables) again.

❹ Paul hopes to (**visit the city** / you were here) soon.

- -

want: (사람)이 ～하기를 원하다

❺ I want Jake to (**join us** / I knew it).

❻ The teacher wants us to (his novel / **be quiet**).

❼ I don't want you to (**buy it for me** / I were a grown-up).

❽ My mom wanted me to (**eat more vegetables** / walking).

- -

wish: (가능성이 낮거나 불가능한 것을 소망하며) ～이면 좋겠다

❾ I wish (save money / **I were Superman**).

❿ I wish (**you were here** / hear from you).

⓫ I wish (exercise more / **I were rich**).

⓬ I wish (visit the city / **my grandfather were alive**).

✳ 우리말 의미와 일치하도록 빈칸에 알맞은 말을 써 보세요.

A-1 [hope] + [to 바라는 일]

❶ 그 경주에서 이기기를 바란다   hope _____

❷ 그 도시를 방문하기를 바란다   hope(s) _____

❸ 너와 이야기하기를 바란다   hope _____

❹ _____(하)기를 바란다   hope _____
내맘대로

B-1 [want] + [사람]

❺ 우리가 ~하기를 원한다   want(s) _____

❻ 내가 ~하기를 원했다   wanted _____

❼ 네가 ~하기를 원하지 않는다   don't want _____

❽ _____가 ~하기를 원한다   want _____
내맘대로

C-1 [wish] + [사람/사물 were]

❾ 내가 ~이면 좋겠다   wish _____

❿ 네가 ~이면 좋겠다   wish _____

⑪ 나의 할아버지가 ~이면 좋겠다   wish _____

⑫ _____가 ~이면 좋겠다   wish _____
내맘대로

A-2 | 주어(사람) | + | **hope** | + | to 바라는 일 | + | again/soon |

① 그들은 그 경주에서 **다시** 이기기를 바란다.　　　　_____ hope _____.

② Paul은 **곧** 그 도시를 방문하기를 바란다.　　　　　_____ hopes _____.

③ 나는 **곧** 너와 이야기하기를 바란다.　　　　　　　_____ hope _____.

④ 나는 다시/곧 _____ (하)기를 바란다.　　　　　_____.
내맘대로

B-2 | 주어(사람) | + | **want** | + | 사람 | + | to 원하는 행동 |

⑤ 그 선생님은 우리가 **조용히 하기를** 원하신다.　　_____ wants _____.

⑥ 나의 엄마는 내가 **더 많은 채소를** 먹기를 원하셨다.　_____ wanted _____.

⑦ 나는 네가 **나를 위해** 그것을 사기를 원하지 않는다.　_____ don't want _____.

⑧ 나는 _____ 가 _____ **(하)기를** 원한다.　_____.
내맘대로

C-2 | 주어(사람) | + | **wish** | + | 사람/사물 were | + | 소망하는 상태 |

⑨ 나는 내가 **부자이면** 좋겠다.　　　　　　　　　_____ wish _____.

⑩ 나는 네가 **여기에 있으면** 좋겠다.　　　　　　　_____ wish _____.

⑪ 나는 나의 할아버지가 **살아 계시면** 좋겠다.　　　_____ wish _____.

⑫ 나는 _____ 가 _____ **(이)면** 좋겠다.　_____.
내맘대로

※ 괄호 안에 주어진 동사를 활용해 통문장을 써 보세요. (❶-❺ hope / ❻-❿ want / ⓫-⓯ wish)

① 나는 다시 그 영화를 보기를 바란다.

I	hope	to see the movie	again.
주어	동사	to 바라는 일	again / soon

② 나의 엄마는 곧 그 도시를 방문하기를 바라신다.

주어	동사	to 바라는 일	again / soon

③ 그는 곧 네게서 소식을 듣기를 바란다.

주어	동사	to 바라는 일	again / soon

④ 나는 다시 너와 놀기를 바란다.

주어	동사	to 바라는 일	again / soon

⑤ 그들은 그녀와 다시 이야기하길 바란다.

주어	동사	to 바라는 일	again / soon

⑥ 나는 네가 좋은 시간을 보내기를 원한다.

주어	동사	사람	to 원하는 행동

⑦ 그 의사는 내가 더 많은 채소를 먹기를 원한다.

주어	동사	사람	to 원하는 행동

⑧ 그들은 우리가 비밀을 지키기를 원했다.

주어	동사	사람	to 원하는 행동

⑨ 우리는 그가 우리와 함께하기를 원하지 않는다.

주어	동사	사람	to 원하는 행동

⑩ 나는 그가 나를 위해 그것을 사주기를 원하지 않았다.

주어	동사	사람	to 원하는 행동

⑪ 나는 크리스마스면 좋겠다.

주어	동사	사람/사물 were	소망하는 상태

⑫ 나는 내가 어른이었으면 좋겠다.

주어	동사	사람/사물 were	소망하는 상태

⑬ 나는 나의 아빠가 슈퍼맨이었으면 좋겠다.

주어	동사	사람/사물 were	소망하는 상태

⑭ 나는 내가 부자이면 좋겠다.

주어	동사	사람/사물 were	소망하는 상태

⑮ 나는 네가 여기에 있으면 좋겠다.

주어	동사	사람/사물 were	소망하는 상태

A 동사 hope, want, wish를 활용하여 Suphan이 진우에게 보낸 이메일을 완성하세요.
(각 동사를 한 번씩만 쓸 것)

←　→　↻　　http://

Dear Jinu,

I had a very good time with you in Korea. It was a really good trip.

I miss you so much. ❶ I _____ !
　　　　　　　　　　나는 내가 너와 함께 있었으면 좋겠다! (I were, with you)

❷ I _____ .
　　나는 다시 한국을 방문하기를 바란다. (to visit Korea)

❸ Or I _____ , Taiwan.
　　아니면 나는 네가 나의 나라, 대만에 오기를 원한다. (to come to my country)

I hope to hear from you soon.

Sincerely,
Suphan

B 다음 질문에 대한 수지의 답변을 참고하여, 나의 답변을 완성하세요.

❶ What place do you hope to visit again?	Suji: *I hope to visit Jeju Island again.*
	Me: *I hope* _____ .
❷ What do you want me to do for you?	Suji: *I want you to listen carefully to me.*
	Me: *I want* _____ .
❸ What do you wish now?	Suji: *I wish I were not so shy.*
	Me: *I wish* _____ .

CHAPTER REVIEW 4

각 동사의 의미를 참고하여 우리말에 맞는 문장을 써 보세요.

써먹기 동사 | 13

① 그는 내가 그 소파에서 점프하는 것을 보지 않았다.

② Mr. Kim은 머리를 그렇게 자르고 나니 나이 들어 보이지 않았다.

③ 나는 그 아기가 침대에서 자고 있는 것을 보았다.

④ 나의 부모님은 연극 한 편을 한 달에 한 번 보신다.

⑤ 그녀는 다이어트를 하고 나니 예뻐 보인다.

⑥ 그들은 야구 경기를 한 달에 한 번 볼 것이다.

써먹기 동사 | 14

① 나는 내 친구들에게 미안하다고 말할 것이다.

② Billy는 나에게 그 여행에 대해 말하지 않았다.

③ 그 여자는 우리에게 그것의 역사를 말해 주었다.

④ 그 선생님은 학생들에게 날씨에 대해 말했다.

⑤ 나는 네게 그 이유를 말해 주지 않을 것이다.

⑥ 그녀는 그녀의 친구들에게 모든 것을 말하지 않았다.

써먹기 동사 | 15

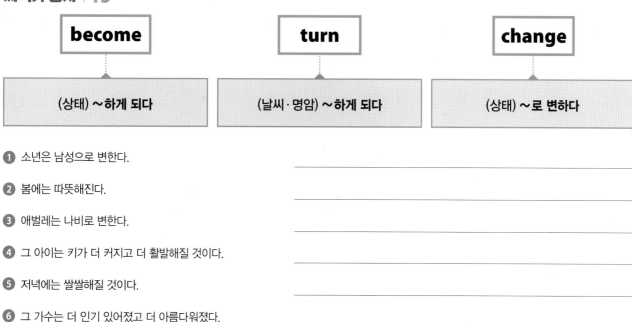

become	turn	change
(상태) ~하게 되다	(날씨·명암) ~하게 되다	(상태) ~로 변하다

❶ 소년은 남성으로 변한다.

❷ 봄에는 따뜻해진다.

❸ 애벌레는 나비로 변한다.

❹ 그 아이는 키가 더 커지고 더 활발해질 것이다.

❺ 저녁에는 쌀쌀해질 것이다.

❻ 그 가수는 더 인기 있어졌고 더 아름다워졌다.

써먹기 동사 | 16

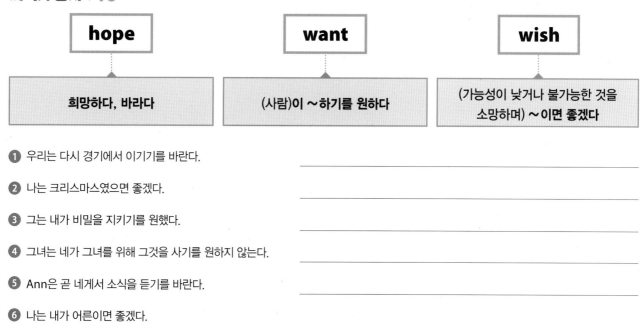

hope	want	wish
희망하다, 바라다	(사람)이 ~하기를 원하다	(가능성이 낮거나 불가능한 것을 소망하며) ~이면 좋겠다

❶ 우리는 다시 경기에서 이기기를 바란다.

❷ 나는 크리스마스였으면 좋겠다.

❸ 그는 내가 비밀을 지키기를 원했다.

❹ 그녀는 네가 그녀를 위해 그것을 사기를 원하지 않는다.

❺ Ann은 곧 네게서 소식을 듣기를 바란다.

❻ 나는 내가 어른이면 좋겠다.

쎄듀교재맵

구분	초 3-4 Lv. 1	초 5-6 Lv. 2	중등 Lv. 3	Lv. 4	Lv. 5	예비 고1 Lv. 6	고등 Lv. 7	Lv. 8	Lv. 9	Lv. 10
종합 (문법·어법·구문·독해·어휘)						쎄듀 종합영어				
구문	초등코치 천일문 Sentence 1, 2, 3, 4, 5			천일문 입문		천일문 기본 / 천일문 기본 문제집		천일문 핵심		천일문 완성
구문·독해							구문현답			
구문·어법						PLAN A 〈구문·어법〉				
구문·문법			천일문 기초1	천일문 기초2						
어휘	초등코치 천일문 Voca & Story 1,2		어휘끝 중학 필수편	어휘끝 중학 마스터편			어휘끝 고교기본		어휘끝 수능	
						첫단추 VOCA				
						PLAN A 〈어휘〉				
문법	초등코치 천일문 Grammar 1, 2, 3		천일문 Grammar LEVEL 1	천일문 Grammar LEVEL 2	천일문 Grammar LEVEL 3					
		EGU 영문법 동사 써먹기	EGU 영문법 문법 써먹기	EGU 영문법 구문 써먹기						
			Grammar Q 1A / 1B	Grammar Q 2A / 2B	Grammar Q 3A / 3B					
				1센치 영문법		문법의 골든룰 101				
문법(내신)			Grammar Line LOCAL 1	Grammar Line LOCAL 2	Grammar Line LOCAL 3					
문법·어법				첫단추 BASIC 문법·어법편 1, 2		첫단추 모의고사 문법·어법편				
어법							어법끝 START 2.0 / 어법끝 START 실력다지기		어법끝 5.0	
어법·어휘									파워업 어법·어휘 모의고사	
쓰기		거침없이 Writing LEVEL 1	거침없이 Writing LEVEL 2	거침없이 Writing LEVEL 3						
			중학영어 쓰작 1	중학영어 쓰작 2	중학영어 쓰작 3					
독해		Reading Relay Starter 1, 2	Reading Relay Challenger 1, 2	Reading Relay Master 1, 2						
			리딩 플랫폼 1,2,3							
			Reading 16 LEVEL 1	Reading 16 LEVEL 2	Reading 16 LEVEL 3	PLAN A 〈독해〉		리딩 플레이어 개념	리딩 플레이어 적용	
				첫단추 BASIC 독해편 1, 2		첫단추 모의고사 독해유형편		유형즉답		
							빈칸백서 기본편		빈칸백서	
									오답백서	
							쎈쓰업 독해 모의고사		파워업 독해 모의고사	
									수능실감 최우수 문항 400제	
듣기			쎄듀 빠르게 중학영어듣기 모의고사 1	쎄듀 빠르게 중학영어듣기 모의고사 2	쎄듀 빠르게 중학영어듣기 모의고사 3	첫단추 모의고사 듣기유형편		쎈쓰업 듣기 모의고사	파워업 듣기 모의고사	
						첫단추 모의고사 듣기실전편				
EBS									수능특강 내신탐구	
									E정표 수능특강	
										수능실감 독해 모의고사
										수능실감 FINAL 봉투 모의고사

*어휘끝 5.0은 Lv. 9~12에 해당합니다. (고교 심화 이상의 수준)

* 교재 선택 시 권장 학년과 레벨을 참고하세요. / 예비 고1부터는 난도와 학년별 성취도를 반영하여 교재 레벨을 세분화하였습니다.

동사
써먹기

WORKBOOK

EGU
THE EASIEST GRAMMAR & USAGE
영문법

동사 써먹기

WORKBOOK

A. 동사 의미 확인 [보기]에서 동사 **take**의 의미가 같은 문장의 기호를 쓰세요.

> [보기] a. I **take** my backpack to school. 나는 내 책가방을 학교에 가져간다.
>
> b. I **take** a bus to go to school. 나는 학교에 가기 위해 버스를 탄다.
>
> c. It **takes** ten minutes to go to school. 학교에 가는 데 10분이 걸린다.

❶ My parents **take** the subway to go to work. _____

❷ It **takes** two hours to go to work. _____

❸ Linda **took** the textbooks to the library. _____

❹ They **don't take** their children to work. _____

❺ It **took** half an hour to go to the station. _____

❻ Jane **will take** a train to go to her grandma's house. _____

❼ I **will take** my dog to the park. _____

❽ He **takes** a taxi to go to school. _____

B. 짝꿍 단어 확인 [보기]에서 알맞은 말을 골라 동사 **take**와 함께 쓰세요.

[보기]	a taxi	her lunch box	my pencil case	a ship
	five minutes	a day	an airplane	a long time

❶ I _____ to school. 나는 내 필통을 학교에 가져간다.

❷ They _____ to go to the island. 그들은 그 섬에 가기 위해 비행기를 탔다.

❸ It _____ to go to the city. 그 도시에 가는 데 긴 시간이 걸리지 않는다.

❹ It _____ to go to the library. 그 도서관에 가는 데 5분이 걸릴 것이다.

❺ The girl _____ to school. 그 소녀는 그녀의 도시락을 학교에 가져간다.

❻ They _____ to go to Jeju Island. 그들은 제주도에 가기 위해 배를 탈 것이다.

❼ It _____ to go to Brazil. 브라질(Brazil)에 가는 데 하루가 걸린다.

❽ We _____ to go to the mall. 우리는 쇼핑몰에 가기 위해 택시를 타지 않았다.

다음 문장을 주어진 지시대로 바꾸어 쓰세요.

❶ I take an eraser to school. (과거 시제로)

→ _____

❷ She takes the subway to go to the library. (미래 시제로)

→ _____

❸ I take this backpack to school. (주어를 She로)

→ _____

❹ It takes half an hour to go to work. (부정문으로)

→ _____

❺ Ben doesn't take a bus to go to the city. (주어를 We로)

→ _____

❻ I took my dog to the mall. (부정문으로)

→ _____

❼ It takes a day to go to the country. (미래 시제로)

→ _____

❽ My mom doesn't take a taxi to go to work. (과거 시제로)

→ _____

• D. 통문장 쓰기   동사 **take**를 활용하여 우리말 의미에 알맞게 글을 완성하세요.

My Mom …

❶ _____   나의 엄마는 이 가방을 직장에 가져가신다.

❷ _____   그녀는 직장에 가기 위해 버스를 탄다.

❸ _____   직장에 가는 데 50분이 걸릴 것이다.

· ·

I …

❹ _____   나는 이 연필들을 학교에 가져간다.

❺ _____   나는 학교에 가기 위해 지하철을 탄다.

❻ _____   학교에 가는 데 한 시간이 걸릴 것이다.

A. 동사 의미 확인   [보기]에서 동사 **put**의 의미가 같은 문장의 기호를 쓰세요.

> [보기]   a. I **put** my diary in my locker.   나는 내 일기장을 내 사물함에 둔다.
>   b. I **put** my name on the paper.   나는 내 이름을 종이에 썼다.
>   c. I **will put on** jeans for the picnic.   나는 소풍 때 청바지를 입을 것이다.

❶ I **will put** on this big hat for the picnic.   _____

❷ You **didn't put** a cell phone in your locker.   _____

❸ Sam **put** his phone number on the paper.   _____

❹ Pam **puts** some coins in her locker.   _____

❺ I **will put** the date in the blank.   _____

❻ She **didn't put** on a blue T-shirt for the picnic.   _____

❼ I **will put** my wallet in my locker.   _____

❽ He **didn't put** on a black cap for the picnic.   _____

B. 짝꿍 단어 확인   [보기]에서 알맞은 말을 골라 동사 **put**과 함께 쓰세요.

> [보기]   a red skirt   his diary   a handkerchief   some books
>   your address   his phone number   a warm sweater   my name

❶ She _____ in her letter.   그녀는 네 주소를 그녀의 편지에 쓰지 않았다.

❷ Ben _____ for the picnic.   Ben은 소풍 때 따뜻한 스웨터를 입을 것이다.

❸ She _____ in her locker.   그녀는 손수건을 그녀의 사물함에 두었다.

❹ I _____ in my locker.   나는 몇 권의 책을 내 사물함에 둔다.

❺ Nancy _____ for the party.   Nancy는 파티에 빨간 치마를 입는다.

❻ Jake _____ in his locker.   Jake는 그의 일기장을 그의 사물함에 두지 않았다.

❼ I _____ on the card.   나는 그의 전화번호를 카드에 썼다.

❽ I _____ in the blank.   나는 내 이름을 빈칸에 쓸 것이다.

다음 문장을 주어진 지시대로 바꾸어 쓰세요.

❶ She puts an umbrella in her car. (부정문으로)

→ _____

❷ I will put a handkerchief in my bag. (현재 시제로)

→ _____

❸ Ann didn't put the date in the letter. (주어를 You로)

→ _____

❹ My sister didn't put her nickname on the card. (긍정문으로)

→ _____

❺ She didn't put the date on the paper. (주어를 I로)

→ _____

❻ They put on shorts for the picnic. (미래 시제로)

→ _____

❼ The man didn't put on a blue T-shirt for the party. (긍정문으로)

→ _____

❽ Fred will put on a warm sweater for the game. (과거 시제로)

→ _____

동사 **put**을 활용하여 우리말에 맞게 질문에 대한 답을 영어로 쓰세요.

What do you put in your drawer?

❶ _____ 나는 내 신분증을 내 서랍에 둔다.

❷ _____ 나는 얼마간의 돈을 내 서랍에 둔다.

What will you put on the card for your friend?

❸ _____ 나는 그의 별명을 카드에 쓸 것이다.

❹ _____ 나는 '고마워'를 카드에 쓸 것이다.

What did you put on for your birthday?

❺ _____ 나는 내 생일에 검정색 바지를 입었다.

❻ _____ 나는 내 생일에 흰색 티셔츠를 입었다.

A. 동사 의미 확인
[보기]에서 동사 **get**의 의미가 같은 문장의 기호를 쓰세요.

> [보기]   a. I **will get** a new computer from my uncle.   나는 내 삼촌에게서 새 컴퓨터를 받을 것이다.
> b. I **get** tired in the evening.   나는 저녁에 피곤해진다.
> c. We **get** to the station around 10 a.m.   우리는 오전 10시쯤에 역에 **도착한다**.

❶ She **got** concert tickets from her uncle.   _____

❷ Nancy **will get** excited on the weekend.   _____

❸ My mom **gets** angry in the morning.   _____

❹ I **will get** to the stadium around 10 a.m.   _____

❺ My brother **got** sick after school.   _____

❻ You **will get** a new laptop from your aunt.   _____

❼ Dad **gets** to the office around 9 a.m.   _____

❽ I **didn't get** this skateboard from my brother.   _____

B. 짝꿍 단어 확인
[보기]에서 알맞은 말을 골라 동사 **get**과 함께 쓰세요.

[보기]	some money	the stadium	hungry	the hospital
	those shoes	bored	the airport	lonely

❶ We _____ around 10 a.m.   우리는 오전 10시쯤에 병원에 도착했다.

❷ Kevin _____ from his uncle.   Kevin은 그의 삼촌에게서 얼마간의 돈을 받을 것이다.

❸ She _____ from her mom.   그녀는 그녀의 엄마에게서 저 신발들을 받지 않았다.

❹ He _____ around 7 p.m.   그는 오후 7시쯤에 공항에 도착할 것이다.

❺ I _____ in the evening.   나는 저녁에 배고파지지 않는다.

❻ I _____ after school.   나는 방과 후에 외로워진다.

❼ The child _____ on the weekend.   그 아이는 주말에 지루해지지 않는다.

❽ The boys _____ around 10 a.m.   그 소년들은 오전 10시쯤에 경기장에 도착했다.

다음 문장을 주어진 지시대로 바꾸어 쓰세요.

❶ He got birthday cards from his friends. (부정문으로)

→ _____

❷ I won't get a new computer from my dad. (긍정문으로)

→ _____

❸ You will get concert tickets from Martin. (과거 시제로)

→ _____

❹ They got tired in the evening. (부정문으로)

→ _____

❺ You will get hungry in the morning. (부정문으로)

→ _____

❻ Linda gets to school around 8 a.m. (주어를 They로)

→ _____

❼ They get to the office around 9 a.m. (주어를 She로)

→ _____

❽ We got to the restaurant around 6 p.m. (미래 시제로)

→ _____

D. 통문장 쓰기 동사 **get**을 활용하여 우리말 의미에 알맞게 글을 완성하세요.

On Suji's Birthday ...

❶ _____ 수지의 친구들은 오후 7시쯤에 그녀의 집에 도착했다.

❷ _____ 그녀는 그녀의 친구들에게서 스웨터를 하나 받았다.

❸ _____ 그녀는 그녀의 생일에 신이 났다.

On Minho's Birthday ...

❹ _____ 민호의 부모님은 오후 8시쯤 그 식당에 도착하셨다.

❺ _____ 그는 그의 부모님에게서 선물을 받지 않았다.

❻ _____ 그는 그의 생일에 화가 났다.

A. 동사 의미 확인   [보기]에서 동사 **call**의 의미가 같은 문장의 기호를 쓰세요.

[보기]   a. I **will call** you to say hi.   나는 안부를 전하려고 네게 **전화할 것이다.**

b. I **called** my mom for help.   나는 도와달라고 엄마를 불렀다.

c. I **call** my cat Nabi.   나는 나의 고양이를 나비라고 **부른다.**

❶ I **call** my nephew La La.   _____

❷ I **called** my old friends to say hi.   _____

❸ I **didn't call** my sister for help.   _____

❹ She **called** the baby sweetie.   _____

❺ Paul **didn't call** his teacher to say hi.   _____

❻ People **called** the chimpanzee Gordon.   _____

❼ Ellie **doesn't call** her best friend for help.   _____

❽ They **called** somebody for help.   _____

B. 짝꿍 단어 확인   [보기]에서 알맞은 말을 골라 동사 **call**과 함께 쓰세요.

[보기]	her grandparents	my pet dog	her mom	everybody
	my neighbors	the lion	this doll	your parents

❶ Emily _____ to say "I love you."

    Emily는 '사랑해요'라고 말하려고 그녀의 엄마에게 전화한다.

❷ We _____ the king of the jungle.   우리는 사자를 밀림의 왕이라고 부른다.

❸ I _____ for help.   나는 도와달라고 모두를 부를 것이다.

❹ I _____ to say hi.   나는 안부를 전하려고 너의 부모님께 전화할 것이다.

❺ The boy _____ Andy.   그 소년은 이 인형을 Andy라고 부른다.

❻ I _____ for help.   나는 도와달라고 내 이웃들을 부르지 않았다.

❼ She _____ to say hi.   그녀는 안부를 전하려고 그녀의 조부모님께 전화하지 않는다.

❽ I _____ Hoya.   나는 나의 반려견을 호야라고 부른다.

다음 문장을 주어진 지시대로 바꾸어 쓰세요.

① Ms. Brown will call your parents to say hi. (과거 시제로)

→ _____

② My parents called my teacher to say hi. (부정문으로)

→ _____

③ I didn't call my aunt to say hi. (긍정문으로)

→ _____

④ The children called their teacher for help. (미래 시제로)

→ _____

⑤ I call everybody for help. (주어를 Ann으로)

→ _____

⑥ We called our friends for help. (부정문으로)

→ _____

⑦ We will call our baby sweetie. (현재 시제로)

→ _____

⑧ People don't call the chimpanzee the king of the jungle. (과거 시제로)

→ _____

D. 통문장 쓰기　　동사 **call**을 활용하여 우리말 의미에 알맞게 글을 완성하세요.

I Love My Grandparents!

① _____　　나는 안부를 전하려고 내 조부모님께 전화한다.

② _____　　그들은 나를 sweetie라고 부른다.

③ _____　　그들은 도와달라고 나를 부를 것이다.

··

Robin Loves Coco!

④ _____　　Robin은 그의 고양이를 Coco라고 부른다.

⑤ _____　　그는 Coco를 그의 여동생이라고 부른다.

⑥ _____　　Coco는 도와달라고 그를 부른다.

A. 동사 의미 확인 [보기]에서 동사 **have**의 의미가 같은 문장의 기호를 쓰세요.

[보기]
a. I **had** a headache for a few days. 나는 며칠간 두통이 있었다.
b. I **have** breakfast every day. 나는 매일 아침을 먹는다.
c. My mom **has** me clean my room. 엄마는 내게 내 방을 청소하도록 시키신다.

❶ I **didn't have** a cold this summer. _____

❷ I **will have** Tom feed the dog. _____

❸ They **have** three meals every day. _____

❹ My dad **has** me set the table. _____

❺ She **had** a toothache for a few days. _____

❻ Sue **will have** dinner at night. _____

❼ My parents **didn't have** us do the laundry. _____

❽ My brother **has** junk food every day. _____

B. 짝꿍 단어 확인 [보기]에서 알맞은 말을 골라 동사 **have**와 함께 쓰세요.

[보기]
water the plants　　a stomachache　　snacks　　wash the dishes
dessert　　a fever　　a cough　　take out the trash

❶ I _____ during break time. 나는 쉬는 시간 동안 간식을 먹지 않을 것이다.

❷ The baby _____ for a few days. 그 아기는 며칠간 열이 있었다.

❸ He _____ me _____. 그는 나에게 설거지를 하도록 시킨다.

❹ She _____ for a few days. 그녀는 며칠간 기침이 있었다.

❺ Ms. Jang _____ after dinner. Ms. Jang은 저녁 식사 후에 후식을 먹는다.

❻ I _____ her _____. 나는 그녀에게 식물들에 물을 주도록 시킬 것이다.

❼ The student _____ after lunch. 그 학생은 점심 식사 후에 복통이 있었다.

❽ Mom _____ my sister _____.
엄마는 나의 언니에게 쓰레기를 버리도록 시키지 않으신다.

다음 문장을 주어진 지시대로 바꾸어 쓰세요.

① I had a toothache for a few days. (부정문으로)

→ _____

② Tom didn't have a stomachache after breakfast. (긍정문으로)

→ _____

③ We will have snacks during break time. (부정문으로)

→ _____

④ I don't have breakfast every day. (주어를 Mr. Smith로)

→ _____

⑤ Paul didn't have junk food at night. (현재 시제로)

→ _____

⑥ Ben had his brother feed the dog. (미래 시제로)

→ _____

⑦ Dad had you clean your room. (현재 시제로)

→ _____

⑧ She doesn't have us take out the trash. (주어를 My parents로)

→ _____

● D. 통문장 쓰기 동사 **have**를 활용하여 우리말 의미에 알맞게 글을 완성하세요.

> *Saturday, August 3*
>
> *Dear Diary,*
>
> **①** _____ 나는 저녁 식사 후에 케이크를 먹었다.
>
> **②** _____ 내 남동생은 저녁 식사 후에 아이스크림을 먹었다.
>
> **③** _____ 나는 밤에 복통이 있었다.
>
> **④** _____ 그는 밤에 열이 있었다.
>
> **⑤** _____ 엄마는 우리에게 약을 먹도록 시키셨다.

A. 동사 의미 확인　[보기]에서 동사 **leave**의 의미가 같은 문장의 기호를 쓰세요.

[보기]　a. I **will leave** home for school.　나는 학교를 향해 집을 떠날 것이다.
　　　　b. I **left** my camera on the bus.　나는 버스에 내 사진기를 두고 왔다.
　　　　c. We **leave** the window open.　우리는 그 창문을 열린 그대로 둔다.

❶ I **didn't leave** my cell phone in the room.　_____

❷ He **left** this town for the city.　_____

❸ They **left** the closet open.　_____

❹ They **will leave** a memo on the table.　_____

❺ I **didn't leave** the door closed.　_____

❻ I **will leave** home for the station.　_____

❼ You **left** the keys on the bed.　_____

❽ He **doesn't leave** the kitchen dirty.　_____

B. 짝꿍 단어 확인　[보기]에서 알맞은 말을 골라 동사 **leave**와 함께 쓰세요.

[보기]	work	angry	the station	closed
	the bus stop	his laptop	a memo	alone

❶ My parents _____ the gym for _____.　나의 부모님은 직장을 향해 체육관을 떠나셨다.

❷ My mom _____ me _____.　나의 엄마는 나를 혼자 두지 않으신다.

❸ The train _____ for the city.　그 기차는 그 도시를 향해 역을 떠난다.

❹ The man _____ in the café.　그 남자는 카페에 그의 휴대용 컴퓨터를 두고 오지 않았다.

❺ She _____ the teacher _____.　그녀는 그 선생님을 화난 상태로 두었다.

❻ I _____ home for _____.　나는 버스 정류장을 향해 집을 떠날 것이다.

❼ Mr. Kim _____ on the table.　Mr. Kim은 탁자 위에 메모 하나를 남겨둘 것이다.

❽ The boy _____ the closet _____.　그 소년은 옷장을 닫힌 그대로 두지 않았다.

다음 문장을 주어진 지시대로 바꾸어 쓰세요.

1 The students left the school for the station. (미래 시제로)

→ _____

2 I will leave home for the library. (주어를 He로)

→ _____

3 Kevin left this city for the town. (부정문으로)

→ _____

4 I left my bag in the classroom. (부정문으로)

→ _____

5 My dad didn't leave the keys on the bed. (긍정문으로)

→ _____

6 She didn't leave her camera in the café. (현재 시제로)

→ _____

7 Tina will leave the restroom clean. (부정문으로)

→ _____

8 My brother leaves me angry. (주어를 My friends로)

→ _____

D. 통문장 쓰기 동사 **leave**를 활용하여 우리말 의미에 알맞게 글을 완성하세요.

This Is My Sister's Room!

1 _____ 나의 언니는 학교를 향해 집을 떠났다.

2 _____ 그녀는 그녀의 방을 깨끗한 그대로 둔다.

3 _____ 그녀는 그녀의 책상을 더러운 그대로 두지 않는다.

4 Oh! _____ 오! 그녀는 그녀의 지갑을 책상 위에 두고 갔다.

5 Oh! _____ 오! 그녀는 그녀의 휴대전화를 침대 위에 두고 갔다.

• A. 동사 의미 확인   [보기]에서 동사 **hold**의 의미가 같은 문장의 기호를 쓰세요.

[보기] a. I **will hold** a ball in my hands. 나는 (양)손으로 공 하나를 들고 있을 것이다.

b. I **will hold** my birthday party at the restaurant.
나는 그 식당에서 내 생일 파티를 열 것이다.

c. I **held** my head down. 나는 내 머리를 숙이고 있었다.

❶ The teacher **will hold** his arms up. _____

❷ I **held** a flag in my hands. _____

❸ We **will hold** a meeting at the restaurant. _____

❹ Jack **held** his hands down. _____

❺ They **held** a flea market in the hall. _____

❻ I **didn't hold** my back straight. _____

❼ The town **didn't hold** a festival at the park. _____

❽ The girl **will hold** a basket in her left hand. _____

• B. 짝꿍 단어 확인   [보기]에서 알맞은 말을 골라 동사 **hold**와 함께 쓰세요.

| [보기] | a jar | a sports day | up | a contest |
| | a long rope | two mugs | straight | down |

❶ He _____ in one hand. 그는 한 손에 병 하나를 잡고 있을 것이다.

❷ The player _____ the trophy _____. 그 선수는 그 트로피를 위로 올리고 있을 것이다.

❸ We _____ in our hands. 우리는 우리의 손에 긴 밧줄 하나를 잡고 있었다.

❹ She _____ her arms _____. 그녀는 그녀의 양팔을 곧게 펴고 있었다.

❺ I _____ in one hand. 나는 한 손에 머그잔 두 개를 들고 있지 않았다.

❻ They _____ in the hall. 그들은 강당에서 대회를 열 것이다.

❼ He _____ his legs _____. 그는 그의 다리들을 아래로 두고 있지 않았다.

❽ The school _____ at the park. 그 학교는 공원에서 운동회를 열지 않았다.

C. 문장 전환 연습 다음 문장을 주어진 지시대로 바꾸어 쓰세요.

❶ Steve held two mugs in one hand. (부정문으로)
→ _____

❷ I held a flag in my hands. (미래 시제로)
→ _____

❸ My mom held large boxes in her hands. (부정문으로)
→ _____

❹ Two schools will hold a sports day at the park. (과거 시제로)
→ _____

❺ The school will hold a parade at the park. (부정문으로)
→ _____

❻ The team held a meeting at the restaurant. (미래 시제로)
→ _____

❼ The girl held her legs straight. (부정문으로)
→ _____

❽ Ken will hold the sign over his head. (과거 시제로)
→ _____

D. 통문장 쓰기 동사 **hold**를 활용하여 우리말 의미에 알맞게 글을 완성하세요.

Boram Middle School's Flea Market

❶ _____ 보람 중학교는 공원에서 벼룩시장을 열었다.

❷ _____ 몇몇 학생들은 그들의 손에 그들의 지갑들을 들고 있었다.

❸ _____ 몇몇 학생들은 그들의 표지판들을 위로 들고 있었다.

❹ _____ 몇몇 선생님들은 그들의 손에 사진기들을 들고 있었다.

❺ _____ 몇몇 손님들은 그들의 손에 가방들을 들고 있었다.

• A. 동사 의미 확인 [보기]에서 동사 **let**의 의미가 같은 문장의 기호를 쓰세요.

> [보기] a. **Let's** go shopping this weekend. 이번 주말에 쇼핑하러 가자.
>
> b. My parents **let** me go out. 나의 부모님은 내가 외출하도록 허락하신다.
>
> c. I **let** the cat into my room. 나는 고양이가 내 방에 들어오게 한다.

❶ I **will let** the dog out. _____

❷ **Let's** go on a picnic this weekend. _____

❸ My mom **doesn't let** me come home late. _____

❹ She **didn't let** any strangers in. _____

❺ **Let's** meet Jiho and Sumi this weekend. _____

❻ I **will let** you wash the dog. _____

❼ Dad **lets** us watch TV. _____

❽ He **lets** the wind through. _____

• B. 짝꿍 단어 확인 [보기]에서 알맞은 말을 골라 동사 **let**과 함께 쓰세요.

[보기]	through	watch TV	play badminton	keep the cat
	in	into the building	have lunch together	visit her house

❶ _____ this weekend. 이번 주말에 배드민턴을 치자.

❷ _____ this Friday. 이번 금요일에 함께 점심 먹자.

❸ I _____ fresh air _____. 나는 신선한 공기가 들어오게 할 것이다.

❹ My parents _____ me _____. 나의 부모님은 내가 그 고양이를 키우도록 허락하셨다.

❺ _____ after school. 방과 후에 그녀의 집을 방문하자.

❻ Mom _____ us _____. 엄마는 우리가 TV를 보도록 허락하실 것이다.

❼ We _____ strangers _____. 우리는 낯선 사람들이 건물에 들어오게 하지 않았다.

❽ She _____ the wind _____. 그녀는 바람이 통하게 하지 않았다.

다음 문장을 주어진 지시대로 바꾸어 쓰세요.

❶ He doesn't let me sleep late. (주어를 My parents로)

→ _____

❷ I will let you wash the dog. (부정문으로)

→ _____

❸ He didn't let his daughter skip piano lessons. (현재 시제로)

→ _____

❹ She let her son come home late. (현재 시제로)

→ _____

❺ I will let the person in. (부정문으로)

→ _____

❻ The boy let the person into his house. (미래 시제로)

→ _____

❼ She didn't let the people through. (긍정문으로)

→ _____

❽ They will let fresh air into their room. (과거 시제로)

→ _____

동사 **let**을 활용하여 우리말 의미에 알맞게 글을 완성하세요.

Come to My House!

❶ _____   우리 집에서 함께 점심을 먹자!

❷ _____   나의 부모님은 우리가 게임들을 하도록 허락하실 것이다.

❸ _____   그들은 우리가 탄산음료를 마시도록 허락하실 것이다.

❹ _____   나는 너희들이 내 방에 들어오게 할 것이다.

❺ _____   나는 너희들이 내 개들과 놀게 할 것이다.

A. 동사 의미 확인 [보기]에서 동사 **bring**의 의미가 같은 문장의 기호를 쓰세요.

[보기] a. **Bring** your sister with you. 네 여동생을 데려와.

b. I **bring** my sister flowers. 나는 여동생에게 꽃을 가져다준다.

c. The accident **will bring** many changes to their lives.
그 사고는 그들의 삶에 많은 변화들을 **초래할** 것이다.

❶ The flood **brought** sadness to their lives. _____

❷ **Bring** your own cup with you. _____

❸ The accident **brought** many difficulties to our lives. _____

❹ **Bring** your classmates with you. _____

❺ I **brought** my sister a hair dryer. _____

❻ I **will bring** my dad a subway map. _____

❼ The news **will bring** happiness to our lives. _____

❽ My mom **didn't bring** me 10 dollars. _____

B. 짝꿍 단어 확인 [보기]에서 알맞은 말을 골라 동사 **bring**과 함께 쓰세요.

[보기]	many changes	some money	her blanket	your partner
	many problems	some drinks	sadness	flowers

❶ We _____ Becky _____. 우리는 Becky에게 꽃들을 가져다주었다.

❷ The earthquake _____ to their lives. 그 지진은 그들의 삶에 많은 문제들을 초래했다.

❸ I _____ Ann _____. 나는 Ann에게 그녀의 담요를 가져다줄 것이다.

❹ _____ with you. 마실 것을 좀 가져와.

❺ The news _____ to their lives. 그 뉴스는 그들의 삶에 많은 변화들을 초래했다.

❻ _____ with you. 네 짝을 데려와.

❼ The accident _____ to their lives. 그 사고는 그들의 삶에 슬픔을 가져올 것이다.

❽ _____ with you. 돈을 좀 가져와.

다음 문장을 주어진 지시대로 바꾸어 쓰세요.

❶ My mom brought me chopsticks. (미래 시제로)

→ _____

❷ She brought the boy a subway map. (부정문으로)

→ _____

❸ I didn't bring her a hair dryer. (긍정문으로)

→ _____

❹ I will bring the baby a spoon. (부정문으로)

→ _____

❺ The flood will bring many troubles to our lives. (과거 시제로)

→ _____

❻ The accident brought sadness to their lives. (미래 시제로)

→ _____

❼ The earthquake brought hunger to their lives. (현재 시제로)

→ _____

❽ The news brought happiness to our lives. (부정문으로)

→ _____

D. 통문장 쓰기   동사 bring을 활용하여 우리말 의미에 알맞게 글을 완성하세요.

My Teacher Says,

❶ _____   네 명찰을 가져와.

❷ _____   네 교과서를 가져와.

. . . .

Miso Had an Accident!

❸ _____   그 소식은 우리의 삶에 슬픔을 초래했다.

❹ _____   그 사고는 그녀의 삶에 많은 문제를 초래했다.

❺ _____   나는 그녀에게 꽃들과 책들을 가져다줄 것이다.

A. 동사 의미 확인 [보기]에서 동사 **make**의 의미가 같은 문장의 기호를 쓰세요.

[보기] a. I **make** cakes with flour and butter. 나는 밀가루와 버터로 케이크를 만든다.

b. Mom's food **will make** me happy. 엄마의 음식은 나를 행복하게 만들어줄 것이다.

c. My mom **makes** me read many books. 나의 엄마는 내가 많은 책을 읽게 하신다.

❶ We **made** pizza with ham and mushrooms. _____

❷ The teacher **will make** the students study more. _____

❸ Mom's cooking **makes** me healthy. _____

❹ My alarm clock **didn't make** me wake up. _____

❺ My dad **makes** pancakes with eggs and milk. _____

❻ The Chinese food **made** us full. _____

❼ They **will make** a salad with tomatoes and lettuce. _____

❽ Your story **didn't make** them excited. _____

B. 짝꿍 단어 확인 [보기]에서 알맞은 말을 골라 동사 **make**와 함께 쓰세요.

[보기]	salad	pasta	strong	sleepy
	hungry	wake up	laugh	go to bed

❶ I _____ with eggs and lettuce. 나는 달걀들과 양상추로 샐러드를 만든다.

❷ My dog _____ me _____. 나의 개는 나를 잠에서 깨어나게 만들 것이다.

❸ Mom's cooking _____ me _____. 엄마의 요리는 나를 튼튼하게 만든다.

❹ Their story _____ the children _____. 그들의 이야기는 그 아이들을 웃게 만들었다.

❺ The movie _____ people _____. 그 영화는 사람들을 졸리게 만들 것이다.

❻ My parents _____ me _____. 나의 부모님은 나를 자러 가게 만드셨다.

❼ Grandmother's cooking _____ me _____. 할머니의 요리는 나를 배고프게 만들지 않는다.

❽ The chef _____ with tomatoes and mushrooms.
그 요리사는 토마토들과 버섯들로 파스타를 만든다.

다음 문장을 주어진 지시대로 바꾸어 쓰세요.

❶ I make bread with flour and butter. (주어를 He로)

→ _____

❷ Jack makes donuts with flour and eggs. (주어를 They로)

→ _____

❸ She will make pizza with ham and tomatoes. (과거 시제로)

→ _____

❹ His class doesn't make the students excited. (긍정문으로)

→ _____

❺ My mom makes me exercise. (과거 시제로)

→ _____

❻ The teacher will make us study more. (현재 시제로)

→ _____

❼ My mom made my dad feed the dog. (미래 시제로)

→ _____

❽ My sister doesn't make me make the bed. (주어를 My parents로)

→ _____

D. 통문장 쓰기 동사 **make**를 활용하여 우리말에 맞게 질문에 대한 답을 영어로 쓰세요.

How will you make sandwiches for lunch?

❶ _____ 나는 토마토들과 달걀들로 샌드위치를 만들 것이다.

❷ _____ 나는 햄과 양상추로 샌드위치를 만들 것이다.

What makes you healthy?

❸ _____ 엄마의 음식은 나를 건강하게 만든다.

❹ _____ 과일들은 나를 건강하게 만든다.

Who makes you laugh?

❺ _____ 나의 개는 나를 웃게 한다.

❻ _____ 나의 가장 친한 친구는 나를 웃게 한다.

[보기]에서 동사 **keep**의 의미가 같은 문장의 기호를 쓰세요.

[보기]　a. We **keep** all letters in the drawer. 우리는 그 서랍에 모든 편지를 보관한다.
　　　　b. They **will keep** walking for a while. 그들은 잠시 동안 계속 걸을 것이다.
　　　　c. She **will keep** her room clean. 그녀는 그녀의 방을 깨끗한 상태로 유지할 것이다.

❶ I **will keep** my diary in the drawer.　　　　_____

❷ My dog **keeps** me happy.　　　　_____

❸ I **will keep** laughing for a while.　　　　_____

❹ He **doesn't keep** his desk neat.　　　　_____

❺ They **kept** singing and dancing for an hour.　　　　_____

❻ I **will keep** myself healthy.　　　　_____

❼ Dad **kept** standing for ten minutes.　　　　_____

❽ Mom **keeps** her earrings in the box.　　　　_____

● B. 짝꿍 단어 확인　　[보기]에서 알맞은 말을 골라 동사 **keep**과 함께 쓰세요.

[보기]	her diary	fresh	the photos	neat
	the letters	running	healthy	crying

❶ She _____ the food _____. 그녀는 그 음식을 신선한 상태로 유지한다.

❷ I _____ for an hour. 나는 한 시간 동안 계속 뛸 것이다.

❸ Helen _____ in the box. Helen은 그 상자에 그녀의 일기장을 보관한다.

❹ The boy _____ his room _____. 그 소년은 그의 방을 깔끔한 상태로 유지했다.

❺ I _____ in the album. 나는 그 사진첩에 그 사진들을 보관할 것이다.

❻ We _____ our cat _____. 우리는 우리의 고양이를 건강한 상태로 유지할 것이다.

❼ Greg _____ in the box. Greg는 그 상자에 그 편지들을 보관했다.

❽ The kid _____ for a while. 그 아이는 잠시 동안 계속 울었다.

❶ Jason keeps the photos in the album. (미래 시제로)

→ _____

❷ I don't keep the watch in my room. (과거 시제로)

→ _____

❸ The boy didn't keep many coins in his room. (긍정문으로)

→ _____

❹ She kept clapping her hands for a while. (부정문으로)

→ _____

❺ Ben kept standing for five minutes. (주어를 People로)

→ _____

❻ He kept singing and dancing for an hour. (미래 시제로)

→ _____

❼ We will keep the food fresh. (현재 시제로)

→ _____

❽ I keep myself happy. (미래 시제로)

→ _____

Our Salad Bar Is Clean!!!

❶ _____   우리는 주방을 깨끗하게 유지한다.

❷ _____   우리는 채소들을 신선하게 유지한다.

❸ _____   우리는 냉장고에 모든 음식들을 보관한다.

Our Salad Bar Has a Break Time.

❹ _____   우리는 한 시간 동안 계속 주방을 청소한다.

❺ _____   우리는 두 시간 동안 계속 채소들을 씻는다.

A. 동사 의미 확인　　[보기]에서 동사 **ask**의 의미가 같은 문장의 기호를 쓰세요.

> [보기]　a. I **will ask** him the answer.　나는 그에게 정답을 물어볼 것이다.
> b. I **will ask** him for advice.　나는 그에게 조언을 요청할 것이다.
> c. I **asked** him to stay with me.　나는 그에게 나와 같이 있어 달라고 부탁했다.

❶ I **didn't ask** Mom to drive me to school.　　_____

❷ I **will ask** him for favors.　　_____

❸ They **asked** the woman to explain it.　　_____

❹ I **asked** him the reason.　　_____

❺ Sally **will ask** him the schedule.　　_____

❻ I **didn't ask** her for a job.　　_____

❼ Helen **will ask** him to drop by.　　_____

❽ Linda **doesn't ask** him for help.　　_____

B. 짝꿍 단어 확인　　[보기]에서 알맞은 말을 골라 동사 **ask**와 함께 쓰세요.

> [보기]　the question　the meaning　help　the way to the station
> information　a drink　pick me up　stay with me

❶ I _____ Daniel to _____.　나는 Daniel에게 나와 같이 있어 달라고 부탁했다.

❷ The woman _____ him for _____.　그 여자는 그에게 마실 것을 부탁했다.

❸ I _____ her _____.　나는 그녀에게 그 질문을 할 것이다.

❹ She _____ the teacher for _____.　그녀는 그 선생님에게 정보를 요청하지 않았다.

❺ They _____ the teacher _____.　그들은 그 선생님께 그 의미를 물어보았다.

❻ I _____ him _____.　나는 그에게 그 역으로 가는 길을 물어볼 것이다.

❼ Ben _____ me for _____.　Ben은 나에게 도움을 요청하지 않는다.

❽ I _____ my dad to _____.　나는 나의 아빠에게 나를 데리러 오라고 부탁드릴 것이다.

다음 문장을 주어진 지시대로 바꾸어 쓰세요.

❶ I didn't ask him the answer. (긍정문으로)
→ _____

❷ We asked him the title of the book. (미래 시제로)
→ _____

❸ Kevin asked me the schedule. (현재 시제로)
→ _____

❹ I ask them for information. (주어를 She로)
→ _____

❺ Jason will ask his mom for money. (부정문으로)
→ _____

❻ I asked Pam to help me. (미래 시제로)
→ _____

❼ Mr. Kim asked her to explain it. (주어를 They로)
→ _____

❽ Owen didn't ask her to drop by. (긍정문으로)
→ _____

동사 **ask**를 활용하여 우리말 의미에 알맞게 글을 완성하세요.

Monday, November 7

Dear Diary,

Today, I had a problem with my best friend, Semi. 나는 오늘 내 친한 친구 세미와 문제가 있었다.

❶ _____ after school. 그녀는 내게 방과 후에 그녀와 함께 있어 달라고 부탁했다.

But I played badminton with other friends. 하지만 나는 다른 친구들과 배드민턴을 쳤다.

She was angry and didn't answer my call. 그녀는 화가 나서 내 전화를 받지 않았다.

❷ _____ 나는 나의 누나에게 도움을 요청했다.

❸ _____ for me. 나는 그녀에게 나 대신 세미에게 전화해 달라고 부탁했다.

A. 동사 의미 확인 [보기]에 주어진 동사의 의미를 참고하여 괄호 안에서 알맞은 동사를 고르세요.

[보기]
a. **look**: (겉모습이) ~해 보이다
b. **watch**: (시간과 관심을 기울여서) 보다, 지켜보다
c. **see**: (사람·동물이) ~하고 있는 것을 보다[목격하다]

① You (look / see) great after that haircut.

② I didn't (look / see) her sitting on the sofa.

③ I (watch / see) a play once a month.

④ You (watch / look) young after that diet.

⑤ You didn't (see / look) funny after that haircut.

⑥ I will (see / watch) a baseball game once a month.

⑦ I (watch / look) a movie once a month.

⑧ We didn't (see / look) her walking in the park.

B. 짝꿍 단어 확인 [보기]에서 알맞은 말을 골라 주어진 동사와 함께 쓰세요.

| [보기] | old | sleeping | fine | crying |
| | a baseball game | jumping | TV | a movie |

① I _____ once a month. (watch) 나는 한 달에 한 번 야구 경기를 본다.

② I _____ the baby _____. (see) 나는 그 아이가 자고 있는 것을 보았다.

③ Jake _____ every night. (watch) Jake는 매일 밤 TV를 본다.

④ They _____ you _____. (see) 그들은 네가 울고 있는 것을 보지 않았다.

⑤ Tina _____ after that haircut. (look) Tina는 머리를 그렇게 자르고 나니 나이 들어 보인다.

⑥ She _____ once a week. (watch) 그녀는 일주일에 한 번 영화 한 편을 본다.

⑦ They _____ after jogging. (look) 그들은 조깅 후에 좋아 보였다.

⑧ We _____ the children _____. (see) 우리는 그 어린이들이 점프하는 것을 보았다.

다음 문장을 주어진 지시대로 바꾸어 쓰세요.

❶ You looked cool after that haircut. (현재 시제로)

→ _____

❷ He doesn't look funny after that haircut. (긍정문으로)

→ _____

❸ She didn't look great after the diet. (현재 시제로)

→ _____

❹ Ms. White watches a play once a week. (주어를 They로)

→ _____

❺ We watch a basketball game once a month. (주어를 Tom으로)

→ _____

❻ They watched a soccer match once a year. (현재 시제로)

→ _____

❼ My dad saw him studying in his room. (부정문으로)

→ _____

❽ She didn't see me walking. (긍정문으로)

→ _____

주어진 동사를 활용하여 우리말 의미에 알맞게 글을 완성하세요.

About Mr. Jang

❶ _____ (watch)   장 선생님은 일주일에 한 번 농구 경기를 본다.

❷ Yesterday _____. (see)   어제 나는 그가 공원에서 농구 하는 것을 보았다.

I think Mr. Jang got a haircut.   장 선생님은 머리를 자른 것 같았다.

And he lost some weight after the diet.   그리고 그는 다이어트 후에 살이 빠졌다.

❸ _____ (look)   그는 머리를 그렇게 자르고 나니 젊어 보였다.

❹ But _____. (look)   하지만 그는 다이어트 후에 멋져 보이지 않았다.

A. 동사 의미 확인 [보기]에 주어진 동사의 의미를 참고하여 괄호 안에서 알맞은 동사를 고르세요.

> [보기]　a. **say**: (사람)에게 ~라고 말하다
>
> 　　　　b. **talk**: (사람)에게 (어떤 주제·화제)에 대해 말하다
>
> 　　　　c. **tell**: (사람)에게 (내용)을 말하다[알려 주다]

❶ I will (say / tell) you a riddle.

❷ I (say / tell) hello to my friends.

❸ I didn't (talk / say) a word to my friends.

❹ She didn't (talk / tell) you a story.

❺ I don't (talk / tell) to him about our English class.

❻ Tim didn't (tell / say) her a lie.

❼ I will (tell / talk) to her about myself.

❽ He doesn't (say / talk) to us about the trip.

B. 짝꿍 단어 확인 [보기]에서 알맞은 말을 골라 주어진 동사와 함께 쓰세요.

[보기]	sorry	something	a word	the movie
	his last vacation	the reason	the way to school	the good news

❶ I _____ to my friends. (say)　나는 내 친구들에게 미안하다고 말했다.

❷ I _____ to Steve about _____. (talk)　나는 Steve에게 그 영화에 대해 말했다.

❸ The woman _____ me _____. (tell)　그 여자는 나에게 학교로 가는 길을 알려주었다.

❹ Ben _____ to us about _____. (talk)
Ben은 우리에게 그의 지난 방학에 대해 말하지 않았다.

❺ Greg _____ them _____. (tell)　Greg는 그들에게 그 좋은 소식을 말할 것이다.

❻ She _____ us _____. (tell)　그녀는 우리에게 그 이유를 말하지 않았다.

❼ James _____ to you. (say)　James는 네게 뭔가를 말할 것이다.

❽ They _____ to the teacher. (say)　그들은 그 선생님에게 한마디도 하지 않았다.

C. 문장 전환 연습 다음 문장을 주어진 지시대로 바꾸어 쓰세요.

1 He doesn't say no to his friends. (과거 시제로)

→ _____

2 Tina said sorry to her friends. (부정문으로)

→ _____

3 My brother tells me everything. (미래 시제로)

→ _____

4 She didn't talk to them about her last vacation. (긍정문으로)

→ _____

5 She talked to the students about the weather. (미래 시제로)

→ _____

6 I will talk to you about our English class. (부정문으로)

→ _____

7 Tim didn't tell her a lie. (현재 시제로)

→ _____

8 I told him the reason. (부정문으로)

→ _____

D. 통문장 쓰기 주어진 동사를 활용하여 우리말 의미에 알맞게 글을 완성하세요.

Our Classmate Hera

She was very shy and quiet.   그녀는 무척 수줍고 조용했다.

1 _____ (say)   그녀는 우리에게 한 마디도 말하지 않았다.

2 _____ (talk)   우리는 우리의 선생님께 그녀에 대해 말했다.

3 _____ (tell)   그는 우리에게 우정에 관한 이야기를 들려주셨다.

After that, we helped Hera a lot.   그 후에, 우리는 헤라를 많이 도왔다.

One day, **4** _____. (say)   어느 날, 그녀는 우리에게 "고마워"라고 말했다.

A. 동사 의미 확인 [보기]에 주어진 동사의 의미를 참고하여 괄호 안에서 알맞은 동사를 고르세요.

> [보기] a. **become** : (상태) ~하게 되다
>
> b. **turn** : (날씨·명암) ~하게 되다
>
> c. **change** : (상태) ~로 변하다

① He will (become / change) taller and heavier.

② The chick didn't (become / change) into a chicken.

③ It will (change / turn) dark at night.

④ Children (change / turn) into adults.

⑤ We (become / change) thinner and lighter.

⑥ The frog will (become / change) into the prince.

⑦ The girls (change / become) more beautiful and more popular.

⑧ It will (change / turn) sunny in the morning.

B. 짝꿍 단어 확인 [보기]에서 알맞은 말을 골라 주어진 동사와 함께 쓰세요.

[보기]	smarter and more active	cloudy	thinner and lighter	gold
	stronger and more beautiful	sunny	warm	water

① It _____ in the morning. (turn) 아침에는 화창해질 것이다.

② I _____. (become) 나는 더 마르고 더 가벼워졌다.

③ Ice _____ into _____. (change) 얼음은 물로 변한다.

④ The boy _____. (become) 그 소년은 더 똑똑해지고 더 활발해진다.

⑤ It _____ in the evening. (turn) 저녁에는 구름이 낄 것이다.

⑥ She _____. (become) 그녀는 더 강해질 것이고 더 아름다워질 것이다.

⑦ It _____ in spring. (turn) 봄에는 따뜻해진다.

⑧ The stone _____ into _____. (change) 그 돌은 황금으로 변할 것이다.

다음 문장을 주어진 지시대로 바꾸어 쓰세요.

❶ You will become taller and heavier. (주어를 They로)

→ _____

❷ The actress became more beautiful and more popular. (부정문으로)

→ _____

❸ Sue will become stronger and more active. (과거 시제로)

→ _____

❹ It turns hot in summer. (미래 시제로)

→ _____

❺ It turns chilly in the evening. (과거 시제로)

→ _____

❻ It will turn sunny in the afternoon. (부정문으로)

→ _____

❼ A caterpillar changes into a butterfly. (미래 시제로)

→ _____

❽ The girl will change into a woman. (현재 시제로)

→ _____

• D. 통문장 쓰기 주어진 동사를 활용하여 우리말 의미에 알맞게 글을 완성하세요.

One Year Later...

❶ _____ (become) 나는 키가 더 커지고 더 강해질 것이다.

❷ _____ (become) 너는 더 활발해지고 더 아름다워질 것이다.

❸ _____ (change) 나의 병아리는 닭으로 변할 것이다.

❹ _____ (change) 나의 강아지는 개로 변할 것이다.

Weather in Four Seasons

❺ _____ (turn) 봄에는 따뜻해진다.

❻ _____ (turn) 여름에는 더워진다.

❼ _____ (turn) 가을에는 쌀쌀해진다.

❽ _____ (turn) 겨울에는 추워진다.

A. 동사 의미 확인   [보기]에 주어진 동사의 의미와 우리말을 참고하여 빈칸에 알맞은 동사를 쓰세요.

> [보기]   a. **hope**: 희망하다, 바라다
>
>   b. **want**: (사람)이 ~하기를 원하다
>
>   c. **wish**: (가능성이 낮거나 불가능한 것을 소망하며) ~이면 좋겠다

❶ I _____ to play with you again.   나는 너와 다시 놀기를 바란다.

❷ I _____ I were Superman.   나는 내가 슈퍼맨이었으면 좋겠다.

❸ I _____ to talk to you soon.   나는 너와 곧 이야기하기를 바란다.

❹ I don't _____ you to buy it for me.   나는 네가 나를 위해 그것을 사기를 원하지 않는다.

❺ I _____ Jake to join us.   나는 Jake가 우리와 함께하기를 원한다.

❻ I _____ you to help me with my homework.   나는 네가 내 숙제를 도와주기를 원한다.

❼ I _____ you were here.   나는 네가 이곳에 있었으면 좋겠다.

❽ They _____ to win the race again.   그들은 다시 경주에서 이기기를 바란다.

B. 짝꿍 단어 확인   [보기]에서 알맞은 말을 골라 주어진 동사와 함께 쓰세요.

> [보기]   keep a secret   it were Christmas   have a good time   see the movie
>
>   play with you   I were a grown-up   I were rich   join us

❶ I _____. (wish)   나는 크리스마스였으면 좋겠다.

❷ They _____ us to _____. (want)   그들은 우리가 비밀을 지키기를 원했다.

❸ I _____ to _____ again. (hope)   나는 다시 그 영화를 보기를 바란다.

❹ I _____. (wish)   나는 내가 어른이었으면 좋겠다.

❺ I _____ to _____ again. (hope)   나는 다시 너와 놀기를 바란다.

❻ I _____. (wish)   나는 내가 부자이면 좋겠다.

❼ We _____ him to _____. (want)   우리는 그가 우리와 함께하기를 원하지 않는다.

❽ I _____ you to _____. (want)   나는 네가 좋은 시간을 보내기를 원한다.

다음 문장을 주어진 지시대로 바꾸어 쓰세요.

1 Paul hopes to visit the city soon. (주어를 They로)

→ _____

2 My sister hopes to see the movie again. (주어를 We로)

→ _____

3 They hope to talk to her again. (주어를 Mr. Kim으로)

→ _____

4 He hopes to hear from you again. (과거 시제로)

→ _____

5 The doctor wants her to eat more vegetables. (과거 시제로)

→ _____

6 I didn't want them to buy it for me. (긍정문으로)

→ _____

7 My dad wanted me to keep a secret. (현재 시제로)

→ _____

8 I want Tom to join us. (부정문으로)

→ _____

주어진 동사를 활용하여 우리말 의미에 알맞게 글을 완성하세요.

Dear Grandma,

How are you? I'm doing well in New York.   잘 지내세요? 저는 뉴욕에서 잘 있어요.

Learning English is not easy, but fun.   영어를 배우는 것은 쉽지 않지만, 재미있어요.

New York is a beautiful city.   뉴욕은 아름다운 도시예요.

1 _____ (wish)   나는 당신이 여기에 있으면 좋겠어요!

2 _____ (want)   나는 당신이 건강히 있기를 원해요.

3 _____ (hope)   나는 곧 당신에게서 소식을 듣기를 바라요.

With love and kisses,
Semi

중학 내신부터 수험영어독해 기초실력까지!

논픽션 리딩 시리즈
쎄듀 리딩 플랫폼

중등 영어독해의 시작, '픽션'에서 '논픽션 읽기'로의 변화가 필요한 때!

어린학생들이 배우는 부담 없고 재미있는 동화나 짧은 이야기인 '픽션'과 달리 '논픽션' 글은 상대적으로
글의 흐름과 구조가 어렵고 쓰이는 어휘가 달라, '픽션' 읽기를 통해 쌓인 실력이 반영되기 힘듭니다.
하지만 상급학교로 진학함에 따라 아이들이 접하는 교과서나 문제집의 지문, 각종 시험에 출제되는 거의
대부분은 '논픽션'류이기 때문에 **상급 학교 진학과 학업성취도에 직결되는 '논픽션' 읽기로의 변화가 필요합니다.**

리딩 플랫폼 시리즈 총 3단계 학습으로 '논픽션 읽기'를 완성하세요.

리딩 플랫폼 1 Intro

• 챕터가 글의 성격별로 구성되어 있습니다.
• 전반적인 논픽션 지문에 대한 학습이 가능합니다.
• 모르는 어휘에 대한 추론 능력 향상시켜 줍니다.

리딩 플랫폼 2 패턴편

• 챕터가 글의 구조 패턴별(예시, 질문-답변,
 원인-결과 등)로 구성되어 있습니다.
• 읽기, 쓰기 실력 향상을 돕는 글의 구조에 대한
 설명이 수록되어 있습니다.

리딩 플랫폼 3 테마편

• 챕터가 글의 주제별(심리학, 문화, 언어 등)로
 구성되어 있습니다.
• 지문과 연결되는 배경지식이 수록되어 있습니다.

쎄듀북닷컴(www.cedubook.com)에서 부가 자료를 무료로 다운로드할 수 있습니다.

CEDU BOOK 쎄듀

1센치 영문법

2018 NEW 개정

한 달 안에 끝!
영어 문법과 더 가까워지는 지름길!

01 기초 영문법의 결정판!

02 각종 커뮤니티에 올라온 수많은 영문법 질문을 분석!

03 학생들이 어려워하는 영문법의 핵심을 쉽게 빠르게 정리!

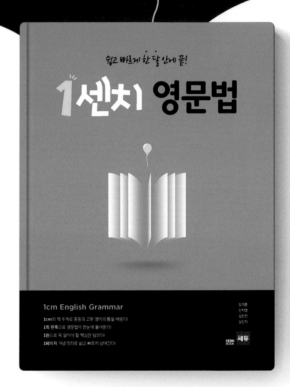

쉽고 빠르게 한 달 안에 끝!

1센치 영문법

1cm English Grammar

1cm의 책 두께로 중등과 고등 영어의 틈을 메운다!
1회 완독으로 영문법이 하는에 풀어온다!
1권으로 꼭 알아야 할 핵심만 담았다!
1페이지 개념 정리로 쉽고 빠르게 넘어간다!

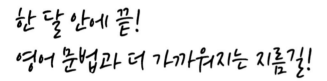

Unit 03 | '주어+서술어' 뒤에 목적어가 없다

※ 이제 구들이 어떻게 배열되는지 볼게요. 영어는 한국어와 달리 어순(단어의 순서

한국어	민수는 / 소라를 / 좋아한다. = 소라를 / 민수는 / 좋아한다.
	명사 + -은/는/이/가 ➡ **주어** 명사 + -을
	→ 조사(은/는/이/가, 을/를)를 보고 주어와 목적어가 무엇인지
	Minsu / likes / Sora. ≠ Sora / likes / Min
	민수는 / 좋아한다 / 소라를. 소라는 / 좋아한다

Key I 셀 수 있는 명사

1) **단수형:** 단수(1개)일 때 명사 앞에 a 또는 an을 붙인다.
　■ **a bench** 긴 의자, **an egg** 달걀 [주의] a benches (X), an

2) **복수형:** 복수(2개 이상)일 때 명사 뒤에 -s나 -es를 붙인다. (
　① -s로 끝나는 복수형
　<복수형 만드는 방법>

단수	방법
a book	단수형(book) + -s
a bus	-s, -sh, -ch, -x로 끝나는 경우 단수형(bus) + -es

Check Up

A　문장에서 구를 찾아 밑줄을 긋고, 명사구, 형용사구, 부사구

Level Up

A　괄호 안에서 알맞은 것을 고르세요.

Wrap Up

Warming Up!

어떤 개념을 배울지 그림으로 미리 보기!
도형으로 핵심 문법을 빠르게 파악!

Key Points!

핵심 문법만 쉽고 간단하게!

실력 Up!

단계별 문제로 핵심 문법 익히기!
다양한 문제로 영문법 기초를 튼튼하게!

동사 써먹기

정답 및 해설

동사 써먹기

정답 및 해설

Chapter 1 짝꿍 단어에 따라 의미가 달라지는 동사 Ⅰ

써먹기 동사 | 01

take

TRAINING 1 동사의 의미와 짝꿍 단어 알기 — p. 11

CHECK UP

❶ my pencil case
❷ the textbooks
❸ their children
❹ my dog
❺ a bus
❻ the subway
❼ an airplane
❽ a train
❾ two hours
❿ a long time
⓫ five minutes
⓬ half an hour

해석

❶ 나는 내 필통을 학교에 가져간다.
❷ Linda는 그 교과서들을 도서관에 가져갔다.
❸ 그들은 그들의 아이들을 직장에 데려가지 않는다.
❹ 나는 내 개를 공원에 데려갈 것이다.
❺ 그는 학교에 가기 위해 버스를 탄다.
❻ 나의 부모님은 직장에 가기 위해 지하철을 타신다.
❼ 그들은 그 섬에 가기 위해 비행기를 탔다.
❽ Jane은 그 산에 가기 위해 기차를 탈 것이다.
❾ 직장에 가는 데 두 시간이 걸린다.
❿ 그 도시에 가는 데 오랜 시간이 걸리지 않는다.
⓫ 그 도서관에 가는 데 5분이 걸릴 것이다.
⓬ 그 역까지 가는 데 30분이 걸렸다.

TRAINING 2 동사에 단어 꿰기 — pp. 12-13

A-1
❶ my pencil case
❷ their children
❸ my dog
❹ (my bag)

A-2
❶ I, my pencil case to school
❷ They, their children to work
❸ I, my dog to the park
❹ (I take my bag to school.)

B-1
❺ a bus
❻ an airplane
❼ a train
❽ (a taxi)

B-2
❺ He, a bus to go to school
❻ They, an airplane to go to the island
❼ Jane, a train to go to the mountain
❽ (I take a taxi to go to the station.)

C-1
❾ half an hour [thirty minutes]
❿ five minutes
⓫ a long time
⓬ (ten minutes)

C-2
❾ It, half an hour[thirty minutes] to go to the station
❿ It, five minutes to go to the library
⓫ It, a long time to go to the city
⓬ (It takes ten minutes to go to the park.)

TRAINING 3 통문장 쓰기 — p. 14

❷ He takes his pencil case to school.
❸ I will take this backpack to school.
❹ Jake doesn't take his children to work.
❺ I didn't take my dog to the library.
❻ She takes the subway to go to school.
❼ We take a taxi to go to the station.
❽ They will take a ship to go to Jeju Island.
❾ Ben doesn't take a bicycle to go to the city.
❿ I didn't take an airplane to go to the island.
⓫ It takes a day to go to Brazil.
⓬ It will take a long time to go to the country.
⓭ It doesn't take a week to go to America.
⓮ It took half an hour[thirty minutes] to go to work.
⓯ It didn't take two hours to go to Japan.

TRAINING 4 실전에 동사 써먹기

A ❶ takes his daughter, takes her lunch box
  ❷ didn't take a bus, will take a taxi
  ❸ takes 20 minutes, doesn't take an hour

B ❶ will take a (KTX) train
  ❷ will take three hours
  ❸ will take a camera and warm clothes to Busan

해석

A ❶ 장 선생님은 그의 딸을 학교에 데려다준다.
   그 소녀는 학교에 그녀의 도시락을 가져간다.
  ❷ 그 소년은 학교에 가기 위해 버스를 타지 않았다.
   그는 학교에 가기 위해 택시를 탈 것이다.
  ❸ 학교까지 가는 데 20분이 걸린다.
   학교까지 가는 데 1시간이 걸리지 않는다.

B ❶ Tim은 부산에 가기 위해 무엇을 탈 것인가?
   → 그는 부산에 가기 위해 KTX 열차를 탈 것이다.
  ❷ 부산에 가는 데 얼마나 걸릴 것인가?
   → 부산에 가는 데 3시간이 걸릴 것이다.
  ❸ 그는 부산에 무엇을 가져갈 것인가?
   → 그는 부산에 사진기와 따뜻한 옷들을 가져갈 것이다.

써먹기 동사 | 02

put

TRAINING 1 동사의 의미와 짝꿍 단어 알기

CHECK UP
❶ my wallet   ❷ her ID card
❸ a cell phone   ❹ some coins
❺ the date   ❻ his phone number
❼ your address   ❽ my name
❾ this big hat   ❿ a blue T-shirt
⓫ a warm sweater   ⓬ a black cap

해석
❶ 나는 내 사물함에 내 지갑을 둘 것이다.

❷ 그녀는 그녀의 사물함에 그녀의 신분증을 두었다.
❸ 너는 네 사물함에 휴대전화를 두지 않았다.
❹ Pam은 그녀의 사물함에 동전 몇 개를 둔다.
❺ 나는 빈칸에 날짜를 쓸 것이다.
❻ Sam은 종이에 그의 전화번호를 썼다.
❼ 그녀는 그녀의 편지에 네 주소를 쓰지 않았다.
❽ 나는 카드에 내 이름을 써넣었다.
❾ 나는 소풍 때 이 큰 모자를 쓸 것이다.
❿ 그녀는 소풍 때 파란색 티셔츠를 입었다.
⓫ Ben은 소풍 때 따뜻한 스웨터를 입을 것이다.
⓬ 그는 소풍 때 검은색 야구 모자를 쓰지 않았다.

TRAINING 2 동사에 단어 꿰기

A-1
❶ some coins
❷ my wallet
❸ a cell phone
❹ (the key)

A-2
❶ Pam, some coins in her locker
❷ I, my wallet in my locker
❸ You, a cell phone in your locker
❹ (I put the key in my locker.)

B-1
❺ his phone number
❻ the date
❼ your address
❽ (my name)

B-2
❺ Sam, his phone number on the paper
❻ I, the date in the blank
❼ She, your address in her letter
❽ (I put my name on the card.)

C-1
❾ this big hat
❿ a warm sweater
⓫ a black cap
⓬ (a white shirt)

C-2
❾ I, this big hat for the picnic
❿ Ben, a warm sweater for the picnic
⓫ He, a black cap for the picnic
⓬ (I will put on a white shirt for the picnic.)

TRAINING 3 통문장 쓰기

❷ Jake didn't put his diary in his locker.
❸ She puts an umbrella in her car.
❹ I will put my ID card in my bag.
❺ My mom put some coins in the box.
❻ I will put my name in the blank.

⑦ He put his phone number on the paper.

⑧ Ann doesn't put the date in her letters.

⑨ My sister didn't put her address on the card.

⑩ She didn't put your name on the paper.

⑪ Greg will put on jeans for the picnic.

⑫ They didn't put on shorts for the picnic.

⑬ Nancy put on a red skirt for the party.

⑭ The man didn't put on a blue T-shirt for the party.

⑮ Fred will put on a warm sweater for the game.

TRAINING ④ 실전에 동사 써먹기   p. 21

A ① puts his name
② puts handkerchiefs
③ puts on a black hat and a green dress

B ① put on a yellow T-shirt
② put my nickname on the card
③ put them in a gift bag

해석

A 이곳은 Hans 옷 가게이다. ① 남자는 이름표에 그의 이름을 쓴다. ② 여자는 바구니에 손수건들을 넣는다. ③ 소녀는 검은색 모자와 초록색 옷을 입는다.

B 나의 일기   4월 4일 금요일
나는 오늘 수지의 생일 파티에 갔다. ① 나는 파티 때 노란색 티셔츠를 입었다. 나는 수지에게 줄 선물과 카드를 갖고 있었다. ② 나는 그 카드에 내 별명을 썼다. ③ 나는 그것들을 선물 가방에 넣었다. 수지는 내 선물과 카드에 대해 기뻐했다. 파티는 재미있었다!

써먹기 동사 | 03

TRAINING ① 동사의 의미와 짝꿍 단어 알기   p. 23

CHECK UP

① concert tickets   ② a new laptop

③ some money   ④ this skateboard

⑤ angry   ⑥ sick

⑦ excited   ⑧ hungry

⑨ the station   ⑩ the office

⑪ the hospital   ⑫ the stadium

해석

① 그녀는 그녀의 삼촌에게서 콘서트 표들을 얻었다.

② 너는 네 이모에게서 새 휴대용 컴퓨터를 얻을 것이다.

③ Kevin은 그의 아빠로부터 약간의 돈을 받을 것이다.

④ 나는 내 형에게서 이 스케이트보드를 얻지 않았다.

⑤ 나의 엄마는 아침에 화가 나신다.

⑥ 나의 남동생은 방과 후에 아프게 되었다.

⑦ Nancy는 주말에 신나게 될 것이다.

⑧ 나는 저녁에 배가 고파지지 않는다.

⑨ 나는 오전 10시쯤 역에 도착할 것이다.

⑩ 아빠는 오전 9시쯤 사무실에 도착하신다.

⑪ 우리는 오후 2시쯤 병원에 도착하지 않았다.

⑫ 그 소년들은 오후 4시쯤 경기장에 도착했다.

TRAINING ② 동사에 단어 꿰기   pp. 24-25

A-1
① concert tickets
② a new laptop
③ this skateboard
④ (this bag)

A-2
① She, concert tickets from her uncle
② You, a new laptop from your aunt
③ I, this skateboard from my brother
④ (I got this bag from my sister.)

B-1
⑤ sick
⑥ excited
⑦ hungry
⑧ (happy)

B-2
⑤ My brother, sick after school
⑥ Nancy, excited on the weekend
⑦ I, hungry in the evening
⑧ (I get happy on Friday.)

C-1
⑨ to the office
⑩ to the stadium
⑪ to the hospital
⑫ (to your house)

C-2
⑨ Dad, to the office around 9 a.m
⑩ The boys, to the stadium around 4 p.m
⑪ We, to the hospital around 2 p.m
⑫ (I will get to your house around 3 p.m.)

TRAINING ③ 통문장 쓰기

❷ She didn't get those shoes from her sister.

❸ He got birthday cards from his friends.

❹ I won't get a new computer from my dad.

❺ You will get concert tickets from Martin.

❻ I get lonely after school.

❼ The child doesn't get bored on the weekend.

❽ They got tired in the evening.

❾ You will get hungry in the morning.

❿ Tony got sick after school.

⓫ He will get to the airport around 7 p.m.

⓬ Linda gets to school around 8 a.m.

⓭ They didn't get to the office around 10 a.m.

⓮ We got to the restaurant around 6 p.m.

⓯ They didn't get to the stadium around 2:30 p.m.

TRAINING ④ 실전에 동사 써먹기

A ❶ got two concert tickets from her dad

❷ got to the concert hall around 5:30 p.m

❸ got excited in the evening

B ❶ (new clothes from my mom)

❷ (excited after school)

❸ (school around 8 a.m)

해석

A ❶ 수지는 그녀의 아빠에게서 두 장의 콘서트 표를 얻었다.

❷ 수지의 친구는 콘서트홀에 오후 5시 30분쯤에 도착했다.

❸ 그들은 저녁에 신이 났다.

B ❶ 너는 네 생일에 무엇을 받았니?

수지: 나는 나의 부모님에게서 새 휴대용 컴퓨터를 받았어.

나: (나는 엄마에게서 새 옷을 받았어.)

❷ 너는 방과 후에 기분이 어떠니?

수지: 나는 방과 후에 피곤해져.

나: (나는 방과 후에 신이 나.)

❸ 너는 아침에 학교에 몇 시에 도착하니?

수지: 나는 오전 8시 30분쯤 학교에 도착해.

나: (나는 오전 8시쯤 학교에 도착해.)

써먹기 동사 | 04

call

TRAINING ① 동사의 의미와 짝꿍 단어 알기

CHECK UP

❶ my old friends

❷ his teacher

❸ her grandparents

❹ your parents

❺ my sister

❻ somebody

❼ her best friend

❽ everybody

❾ my nephew

❿ the baby

⓫ the chimpanzee

⓬ the lion

해석

❶ 나는 안부를 전하려고 내 옛 친구들에게 전화했다.

❷ Paul은 안부를 전하려고 그의 선생님께 전화하지 않았다.

❸ 그녀는 안부를 전하려고 그녀의 조부모님께 전화를 하지 않는다.

❹ 나는 안부를 전하려고 네 부모님께 전화드릴 것이다.

❺ 나는 도와달라고 내 여동생을 부르지 않았다.

❻ 그들은 도와달라고 누군가를 불렀다.

❼ Ellie는 도와달라고 그녀의 가장 친한 친구를 부르지 않는다.

❽ 나는 도와달라고 모두를 부를 것이다.

❾ 나는 내 조카를 라라라고 부른다.

❿ 그녀는 그 아기를 스위티라고 부른다.

⓫ 사람들은 그 침팬지를 Gordon이라고 부른다.

⓬ 우리는 사자를 정글의 왕이라고 부른다.

TRAINING ② 동사에 단어 꿰기

A-1	A-2
❶ my old friends	❶ I, my old friends to say hi
❷ your parents	❷ I, your parents to say hi
❸ his teacher	❸ Paul, his teacher to say hi
❹ (Sumi)	❹ (I will call Sumi to say hi.)

B-1	B-2
❺ somebody	❺ They, somebody for help
❻ everybody	❻ I, everybody for help
❼ my sister	❼ I, my sister for help
❽ (my dad)	❽ (I will call my dad for help.)

C-1	C-2
⑨ my nephew	⑨ I, my nephew La La
⑩ the baby	⑩ She, the baby sweetie
⑪ the chimpanzee	⑪ People, the chimpanzee Gordon
⑫ (my cat)	⑫ (I call my cat Mio.)

B: 미안해. 난 몰랐어. 나루가 어제 곤란에 처했었거든.

A: 나루가 누군데?

B: 그는 내 반려견이야. ❷ 나는 그를 나루라고 불러. ❸ 그가 도와달라고 나를 불렀어.

TRAINING ③ 통문장 쓰기
p. 32

❷ Tim will call your parents to say hi.

❸ Dad calls my teacher to say hi.

❹ I didn't call my aunt to say hi.

❺ Emily calls her grandparents to say "I love you."

❻ We will call you for help.

❼ The children called their teacher for help.

❽ I call my boyfriend for help.

❾ I didn't call my neighbors for help.

❿ They will call somebody for help.

⑪ They will call their baby sweetie.

⑫ The boy calls this doll Andy.

⑬ I call my pet dog Nabi.

⑭ I will call the lion the king of the jungle.

⑮ They don't call the chimpanzee the king of the jungle.

TRAINING ④ 실전에 동사 써먹기
p. 33

A ❶ called Suji to say   ❷ called Suji to ask

  ❸ called Suji to set the time

B ❶ called you to ask something

  ❷ call him Naru   ❸ called me for help

해석

A ❶ 세미는 수지에게 고맙다고 말하려고 전화했다.

  ❷ 민수는 수지에게 도움을 요청하려고 전화했다.

  ❸ 민지는 토요일에 만날 시간을 정하기 위해서 수지에게 전화했다.

B A: 민호야, 너 어제 바빴니? ❶ 나는 너한테 뭐 좀 물어보려고 전화했었어.

CHAPTER REVIEW 1
pp. 34-35

써먹기 동사 | 01

❶ I take the subway to go to school.

❷ My sister took this eraser to school.

❸ It doesn't take a long time to go to the island.

❹ He didn't take a taxi to go to the library.

❺ She doesn't take her children to work.

❻ It will take half an hour[thirty minutes] to go to your grandma's house.

써먹기 동사 | 02

❶ I put some coins in my locker.

❷ The boy put on a black cap for the picnic.

❸ Jake will put his phone number on the paper.

❹ You didn't put an umbrella in your locker.

❺ She didn't put the date in the blank.

❻ Nancy will put on shorts for the picnic.

써먹기 동사 | 03

❶ My parents will get to school around 3 p.m.

❷ We didn't get to the restaurant around 11 a.m.

❸ The girl gets lonely after school.

❹ Eric will get a new laptop from his uncle.

❺ They got concert tickets from their uncle.

❻ I got bored on the weekend.

써먹기 동사 | 04

❶ I don't call my teacher to say hi.

❷ They call the baby sweetie.

❸ My sister calls everybody for help.

❹ Your teacher will call your parents to say hi.

❺ He will call his neighbors for help.

❻ We will call this doll La La.

Chapter 2 짝꿍 단어에 따라 의미가 달라지는 동사 Ⅱ

써먹기 동사 | 05 have

p. 39

TRAINING 1 동사의 의미와 짝꿍 단어 알기

CHECK UP

❶ a toothache ❷ a fever
❸ a stomachache ❹ a cold
❺ three meals ❻ junk food
❼ snacks ❽ dinner
❾ set the table ❿ take out the trash
⓫ feed the dog ⓬ do the laundry

해석

❶ 그녀는 며칠간 치통이 있었다.
❷ 그 아기는 며칠간 열이 있었다.
❸ 그 학생은 점심 식사 후에 복통이 있었다.
❹ 나는 이번 여름에 감기에 걸리지 않았다.
❺ 그들은 매일 세 끼를 먹는다.
❻ 나의 형은 매일 정크푸드를 먹는다.
❼ 나는 쉬는 시간 동안 간식을 먹지 않을 것이다.
❽ Sue는 밤에 저녁을 먹을 것이다.
❾ 나의 엄마는 내게 식탁을 차리도록 시키신다.
❿ 나의 아빠는 내 여동생에게 쓰레기를 내다 버리도록 시키지 않으신다.
⓫ 나는 Tom에게 개에게 먹이를 주도록 시킬 것이다.
⓬ 나의 부모님은 우리에게 빨래를 하도록 시키지 않으셨다.

TRAINING 2 동사에 단어 꿰기

pp. 40-41

A-1 **A-2**
❶ a fever ❶ The baby, a fever for a few days
❷ a stomachache ❷ The student, a stomachache after lunch
❸ a cold ❸ I, a cold this summer
❹ (a cough) ❹ (I had a cough last week.)

B-1 **B-2**
❺ three meals ❺ They, three meals every day
❻ junk food ❻ My brother, junk food every day
❼ snacks ❼ I, snacks during break time
❽ (lunch) ❽ (I have lunch at noon.)

C-1 **C-2**
❾ me ❾ My mom, me set the table
❿ Tom ❿ I, Tom feed the dog
⓫ us ⓫ My parents, us do the laundry
⓬ (my sister) ⓬ (I have my sister clean the room.)

TRAINING 3 통문장 쓰기

p. 42

❷ She had a cough for a few days.
❸ Tom had a stomachache after breakfast.
❹ The student had a headache after school.
❺ The girl didn't have a fever for a week.
❻ I have lunch every day.
❼ Ms. Jang has dessert after dinner.
❽ We will have snacks during break time.
❾ I don't have breakfast every day.
❿ Paul doesn't have junk food at night.
⓫ He has me wash the dishes.
⓬ I will have her water the plants.
⓭ Ben had his brother feed the dog.
⓮ She doesn't have us take out the trash.
⓯ Dad didn't have you clean your room.

TRAINING 4 실전에 동사 써먹기

p. 43

A ❶ had junk food last night
  ❷ had a stomachache this morning

❸ had his sister feed the dog

B ❶ has a toothache

❷ will have sandwiches for lunch

❸ has Jisu clean the living room

해석

A ❶ 지호는 어젯밤에 정크푸드를 먹었다.

❷ 그는 오늘 아침에 복통이 있었다. 그래서 그는 병원에 가야 했다.

❸ 그는 그의 여동생에게 개에게 먹이를 주라고 시켰다.

B ❶ 지수의 엄마는 치통이 있다.

❷ 엄마는 치과에 갈 것이다. 그리고 지수는 점심으로 샌드위치를 먹을 것이다.

❸ 엄마는 지수에게 거실을 청소하도록 시키신다.

써먹기 동사 | 06

leave

p. 45

TRAINING ❶   동사의 의미와 짝꿍 단어 알기

CHECK UP

❶ home   ❷ work

❸ the city   ❹ the station

❺ my cell phone   ❻ the keys

❼ a memo   ❽ his laptop

❾ closed   ❿ dirty

⓫ angry   ⓬ open

해석

❶ 나는 그 역을 향해 집을 떠날 것이다.

❷ 나의 부모님은 직장을 향해 체육관을 떠나셨다.

❸ 그는 그 도시를 향해 이 마을을 떠났다.

❹ 그 기차는 그 도시를 향해 역을 떠난다.

❺ 나는 그 방에 내 휴대전화를 두고 오지 않았다.

❻ 너는 침대 위에 그 열쇠들을 두고 왔다.

❼ 그들은 탁자 위에 메모 하나를 남기고 올 것이다.

❽ 그 남자는 카페에 그의 휴대용 컴퓨터를 두고 오지 않았다.

❾ 나는 그 문을 닫힌 그대로 두지 않았다.

❿ 그는 주방을 더러운 그대로 두지 않는다.

⓫ 그녀는 선생님을 화난 그대로 두었다.

⓬ 그들은 그 옷장을 열린 그대로 두었다.

pp. 46-47

TRAINING ❷   동사에 단어 꿰기

A-1

❶ the station

❷ this town

❸ home

❹ (school)

A-2

❶ The train, the station for the city

❷ He, this town for the city

❸ I, home for the station

❹ (I will leave school for the park.)

B-1

❺ the keys

❻ a memo

❼ my cell phone

❽ (my jacket)

B-2

❺ You, the keys on the bed

❻ They, a memo on the table

❼ I, my cell phone in the room

❽ (I left my jacket in the café.)

C-1

❾ the closet

❿ the teacher

⓫ the door

⓬ (my room)

C-2

❾ They, the closet open

❿ She, the teacher angry

⓫ I, the door closed

⓬ (I leave my room dirty.)

p. 48

TRAINING ❸   통문장 쓰기

❷ The students leave school for the station.

❸ They left the café for the gym.

❹ I will leave home for the library.

❺ Kevin left this city for the town.

❻ Mr. Kim will leave a memo on the table.

❼ I left my bag in the room.

❽ Jim left his cell phone in the café.

❾ My dad didn't leave the keys on the bed.

❿ She didn't leave her camera on the table.

⓫ Tina will leave the restroom clean.

⓬ We will leave the door open.

⓭ My brother leaves me angry.

⓮ My mother doesn't leave me alone.

⓯ The man didn't leave the closet closed.

TRAINING ④ 실전에 동사 써먹기

A ❶ left home, left Daejeon for Seoul
  ❷ left my room, left my wallet on the bed
  ❸ left the door unlocked, left the windows open

B ❶ left school for home
  ❷ left my cell phone in the classroom
  ❸ left the classroom door open

해석

A ❶ 그 소년은 역을 향해 집을 떠났다.
   열차는 서울을 향해 대전을 떠났다.

  ❷ 나는 내 방을 더러운 그대로 두었다.
   나는 내 지갑을 침대 위에 두고 왔다.

  ❸ 우리는 그 문을 안 잠긴 그대로 두었다.
   우리는 창문들을 열린 그대로 두었다.

B 나의 일기   5월 7일 수요일
  ❶ 오늘 나는 오후 4시에 집을 향해 학교를 떠났다. 오, 저런! ❷ 나는 교실에 내 휴대전화를 두고 왔다. 나는 학교로 다시 달려갔다. ❸ 나의 선생님이 교실 문을 열린 그대로 두셨다. 다행히, 나는 내 휴대전화를 다시 찾았다.

써먹기 동사 | 07

hold

TRAINING ① 동사의 의미와 짝꿍 단어 알기

CHECK UP
❶ a flag   ❷ a long rope
❸ a basket   ❹ two mugs
❺ a meeting   ❻ a flea market
❼ a sports day   ❽ a festival
❾ down   ❿ up
⓫ over his head   ⓬ straight

해석

❶ 나는 나의 (양)손으로 깃발 하나를 잡고 있었다.
❷ 그들은 그들의 (양)손으로 긴 밧줄을 잡고 있었다.

❸ 그 소녀는 그녀의 왼손에 바구니 하나를 들고 있을 것이다.
❹ Steve는 한 손에 머그잔 두 개를 들지 않았다.
❺ 우리는 그 식당에서 회의를 열 것이다.
❻ 그들은 강당에서 벼룩시장을 열었다.
❼ 두 학교가 공원에서 운동회를 열 것이다.
❽ 그 마을은 공원에서 축제를 열지 않았다.
❾ 나는 내 머리를 아래로 숙이고 있지 않았다.
❿ Jack은 그 트로피를 위로 올리고 있었다.
⓫ 그 선생님은 그 표지판을 그의 머리 위로 들고 있을 것이다.
⓬ 그 소녀는 그녀의 다리들을 곧게 펴고 있었다.

TRAINING ② 동사에 단어 꿰기

A-1	A-2
❶ a flag	❶ I, a flag in my hands
❷ a basket	❷ The girl, a basket in her left hand
❸ two mugs	❸ Steve, two mugs in one hand
❹ (a hat)	❹ (I held a hat in my right hand.)

B-1	B-2
❺ a flea market	❺ They, a flea market in the hall
❻ a meeting	❻ We, a meeting at the restaurant
❼ a festival	❼ The town, a festival at the park
❽ (a party)	❽ (We will hold a party at the beach.)

C-1	C-2
❾ the trophy	❾ Jack, the trophy up
❿ her legs	❿ The girl, her legs straight
⓫ my head	⓫ I, my head down
⓬ (my back)	⓬ (I held my back straight.)

TRAINING ③ 통문장 쓰기

❷ He will hold a jar in one hand.
❸ We held a long rope in our hands.
❹ I didn't hold two mugs in one hand.
❺ Mom held large boxes in her hands.
❻ They will hold a contest in the hall.
❼ The school will hold a parade at the park.
❽ We held a flea market at the park.

⑨ The team held a meeting at the restaurant.

⑩ The school didn't hold a sports day at the park.

⑪ The player will hold the trophy up.

⑫ Ken holds the sign over his head.

⑬ She held her arms straight.

⑭ He held his legs down.

⑮ I didn't hold my hands up.

TRAINING ④ 실전에 동사 써먹기 · p. 55

A ❶ holds a sports day at the park
❷ hold a long rope in their hands
❸ hold flags over their heads
❹ holds balls in her arms

B ❶ will hold the Science Fair at Seoul City Hall
❷ will hold a meeting with famous scientists in the conference room
❸ will hold a parade of robots at the outdoor park

해석

A ❶ 보람 중학교는 공원에서 운동회를 개최한다.
❷ 몇몇 학생들은 그들의 (양)손으로 긴 밧줄을 잡고 있다.
❸ 몇몇 학생들은 그들의 머리 위로 깃발을 올리고 있다.
❹ Sally는 그녀의 (양)팔에 공들을 안고 있다.

B

과학 박람회
언제: 5월 1일 ~ 5일 (월 ~ 금)
어디서: 서울 시청
특별행사 1. 유명 과학자들과의 만남 (회의실 / 월)
　　　　　2. 로봇들의 퍼레이드 (야외 공원 / 금)

❶ 서울시는 5월 1일에 어디서 무엇을 개최할 것인가?
→ 서울시는 서울 시청에서 과학 박람회를 개최할 것이다.

❷ 특별행사 1은 무엇이며, 어디인가?
└ 그들은 유명한 과학자들과의 만남을 회의실에서 열 것이다.

❸ 특별행사 2는 무엇이며, 어디인가?
→ 그들은 로봇들의 퍼레이드를 야외 공원에서 열 것이다.

써먹기 동사 | 08

let

TRAINING ① 동사의 의미와 짝꿍 단어 알기 · p. 57

CHECK UP
❶ go on a picnic ❷ meet Jiho and Sumi
❸ visit his house ❹ go see a movie
❺ come home late ❻ wash the dog
❼ watch TV ❽ skip piano lessons
❾ out ❿ in
⑪ through ⑫ into their room

해석

❶ 이번 주말에 소풍을 가자.
❷ 이번 토요일에 지호와 수미를 만나자.
❸ 이번 주말에 그의 집을 방문하자.
❹ 이번 일요일에 영화를 보러 가자.
❺ 엄마는 내가 집에 늦게 오도록 허락하지 않으신다.
❻ 나는 네가 그 개를 씻기도록 허락할 것이다.
❼ 아빠는 우리가 TV를 보도록 허락하신다.
❽ 그는 그의 딸이 피아노 수업을 빼먹는 걸 허락하지 않았다.
❾ 나는 그 사람이 나가게 할 것이다.
❿ 그녀는 낯선 사람들이 들어오게 하지 않았다.
⑪ 그는 바람이 통하게 한다.
⑫ 그들은 신선한 공기가 그들의 방에 들어오게 할 것이다.

TRAINING ② 동사에 단어 꿰기 · pp. 58-59

A-1 **A-2**
❶ go on a picnic ❶ go on a picnic this weekend
❷ visit his house ❷ visit his house this weekend
❸ go see a movie ❸ go see a movie this Sunday
❹ (play soccer) ❹ (Let's play soccer after school.)

B-1 **B-2**
❺ us ❺ Dad, us watch TV
❻ you ❻ I, you wash the dog
❼ me ❼ Mom, me come home late

⑧ (my sister) | ⑧ (I will let my sister wear my clothes.)

C-1 | **C-2**
⑨ the wind | ⑨ He, the wind through
⑩ the person | ⑩ I, the person out
⑪ strangers | ⑪ She, strangers in
⑫ (my dog) | ⑫ (I will let my dog into my room.)

TRAINING ③ 통문장 쓰기
p. 60

❷ Let's play badminton this weekend.
❸ Let's have lunch together this Friday.
❹ Let's visit her house after school.
❺ Let's go on a picnic tomorrow.
❻ My dad let me keep a cat.
❼ Mom will let us watch TV.
❽ He let his son come home late.
❾ She doesn't let me sleep late.
❿ I didn't let you skip piano lessons.
⑪ I will let fresh air in.
⑫ The boy let the person into his house.
⑬ Mr. Kang let his students out.
⑭ We don't let strangers into the building.
⑮ She didn't let the wind through.

TRAINING ④ 실전에 동사 써먹기
p. 61

A ❶ let's go see a movie
 ❷ doesn't let me go out
 ❸ let's watch a movie
 ❹ will let you visit my house
B ❶ let fresh air through the house
 ❷ let the cat into your room
 ❸ Let's have dinner together.

해석

A A: 지수야, 오늘 밤에 영화 보러 가자.
 B: 나도 그러고 싶어. 그런데 요즘 엄마는 내가 밤에 외출하도록 허락하지 않으셔.

A: 그럼, 방과 후에 너의 집에서 영화를 보자.
B: 좋은 생각이야! 엄마는 네가 우리 집을 방문하도록 허락하실 거야.

B 미나야!
 우리는 일주일간 여행을 갈 거야. 이 일들을 해줘.
 ✓ 아침에는 창문을 열어라. ❶ 그것은 신선한 공기가 집에 통하게 할 거야.
 ✓ 밤에 네 방 문을 열어라. ❷ 네 방에 고양이가 들어오게 해라.
 ✓ 다음 주 금요일에 외출하지 마라. ❸ 저녁을 함께 먹자.

CHAPTER REVIEW 2
pp. 62-63

써먹기 동사 | 05
❶ I don't have snacks at night.
❷ I didn't have a runny nose this winter.
❸ We have three meals every day.
❹ I will have you feed the dog.
❺ My mom has my brother set the table.
❻ She had a toothache for a few days.

써먹기 동사 | 06
❶ Kelly doesn't leave the kitchen dirty.
❷ The man will leave the gym for work.
❸ The students left their teacher angry.
❹ The bus leaves the bus stop for the city.
❺ The woman left her cell phone in the café.
❻ I didn't leave my camera on the bus.

써먹기 동사 | 07
❶ They held a parade at the park.
❷ She held a jar in her right hand.
❸ Linda didn't hold the trophy over her head.
❹ I will hold large boxes in my hands.
❺ The boy held his arms straight.
❻ We didn't hold a meeting at the restaurant.

써먹기 동사 | 08
❶ Kevin let fresh air into his room.
❷ Let's have dinner together this weekend.
❸ My dad doesn't let us keep a cat.
❹ She didn't let the wind through.
❺ My mom lets me watch TV.
❻ Let's visit their house this weekend.

Chapter 3 짝꿍 단어에 따라 문장 구조가 달라지는 동사

써먹기 동사 | 09

bring

TRAINING 1 동사의 의미와 짝꿍 단어 알기
p. 67

CHECK UP

❶ your own cup
❷ your classmates
❸ some money
❹ some drinks
❺ a hair dryer
❻ a subway map
❼ 10 dollars
❽ chopsticks
❾ many difficulties
❿ sadness
⓫ happiness
⓬ hunger

해석

❶ 네 컵을 가져와.
❷ 네 반 친구들을 데려와.
❸ 돈을 좀 가져와.
❹ 음료를 몇 개 가져와.
❺ 나는 내 여동생에게 헤어드라이어를 가져다주었다.
❻ 나는 내 아빠께 지하철 노선도를 가져다드릴 것이다.
❼ 나의 엄마는 내게 10달러를 가져다주지 않으셨다.
❽ 나의 형은 내게 젓가락을 가져다주었다.
❾ 그 사고는 우리의 삶에 많은 어려움들을 초래했다.
❿ 그 홍수는 그들의 삶에 슬픔을 가져왔다.
⓫ 그 뉴스는 우리의 삶에 행복을 가져올 것이다.
⓬ 그 지진은 그들의 삶에 굶주림을 가져왔다.

TRAINING 2 동사에 단어 꿰기
pp. 68-69

A-1
❶ your own cup
❷ your classmates
❸ some money
❹ (a bunch of flowers)

A-2
❶ your own cup with you
❷ your classmates with you
❸ some money with you
❹ (Bring a bunch of flowers with you.)

B-1
❺ my sister

B-2
❺ I, my sister a hair dryer

❻ my dad
❼ me
❽ (my teacher)

❻ I, my dad a subway map
❼ Mom, me 10 dollars
❽ (I brought my teacher the book.)

C-1
❾ sadness
❿ many difficulties
⓫ happiness
⓬ (many changes)

C-2
❾ The flood, sadness to their lives
❿ The accident, many difficulties to our lives
⓫ The news, happiness to our lives
⓬ (The event brought many changes to our lives.)

TRAINING 3 통문장 쓰기
p. 70

❷ Bring your brother with you.
❸ Bring your partner with you.
❹ Bring your classmates with you.
❺ Bring your drinks with you.
❻ I will bring Ann her blanket.
❼ He will bring you a spoon.
❽ We brought Becky flowers.
❾ She brought the boy a subway map.
❿ I didn't bring her a hair dryer.
⓫ The accident will bring sadness to their lives.
⓬ The flood will bring many troubles to their lives.
⓭ The earthquake brought many problems to their lives.
⓮ The accident brought many changes to our lives.
⓯ The news brought happiness to our lives.

TRAINING 4 실전에 동사 써먹기
p. 71

A ❶ your name card with you, your own cup with you
❷ brought his son some candies, brought his dad newspapers
❸ brought sadness to our lives, brought many troubles to their lives

B
① brought many difficulties to their lives
② I brought him fruits and books
③ Bring Jiho with you next time

해석

A ① 네 이름표를 가져와. 네 컵을 가져와.
② 그는 그의 아들에게 사탕을 몇 개 가져다주었다.
그 아들은 그의 아빠에게 신문을 가져다주었다.
③ 그 소식은 우리의 삶에 슬픔을 초래했다.
그 사고는 그들의 삶에 많은 문제들을 초래했다.

B A: 있잖아, 호진이네 가족이 자동차 사고를 당했어. 그들은 지금 병원에 있어.
B: 알아. ① 그 사고는 그들의 삶에 많은 어려움들을 초래했어.
A: 오, 저런! 너는 호진이를 방문했니?
B: 응. ② 나는 그에게 과일들과 책들을 가져다주었어.
③ 그는 "다음엔 너와 함께 지호를 데려와."라고 말했어.
A: 당장 그를 방문해야겠다.

써먹기 동사 | 10
make

TRAINING ① 동사의 의미와 짝꿍 단어 알기   p. 73

CHECK UP
① bread
② pizza
③ pancakes
④ salad
⑤ healthy
⑥ full
⑦ excited
⑧ sleepy
⑨ exercise
⑩ study more
⑪ wake up
⑫ make the bed

해석

① 나는 밀가루와 버터로 빵을 만든다.
② 우리는 햄과 버섯들로 피자를 만들었다.
③ 아빠는 달걀들과 우유로 팬케이크들을 만드신다.
④ 그들은 토마토들과 양상추로 샐러드를 만들 것이다.
⑤ 엄마의 요리는 나를 건강하게 만든다.
⑥ 그 중국 음식은 우리를 배부르게 만들었다.
⑦ 너의 이야기는 그들을 신나게 만들지 않았다.
⑧ 그 영화는 너를 졸리게 만들 것이다.
⑨ 나의 엄마는 나의 아빠를 운동하게 하셨다.
⑩ 그 선생님은 그 학생들을 더 공부하게 만들 것이다.

---

⑪ 내 알람 시계는 나를 잠에서 깨게 하지 않았다.
⑫ 내 언니는 내가 침대를 정리하게 하지 않는다.

TRAINING ② 동사에 단어 꿰기   pp. 74-75

A-1	A-2
① pancakes	① Dad, pancakes with eggs and milk
② pizza	② We, pizza with ham and mushrooms
③ salad	③ They, salad with tomatoes and lettuce
④ (soup)	④ (I will make soup with onions.)

B-1	B-2
⑤ me	⑤ Mom's cooking, me healthy
⑥ us	⑥ The Chinese food, us full
⑦ you	⑦ The movie, you sleepy
⑧ (me)	⑧ (The book makes me happy.)

C-1	C-2
⑨ my dad	⑨ My mom, my dad exercise
⑩ the students	⑩ The teacher, the students study more
⑪ me	⑪ My alarm clock, me wake up
⑫ (my mom)	⑫ (I will make my mom laugh more.)

TRAINING ③ 통문장 쓰기   p. 76

② Jake makes donuts with flour and butter.
③ The chef[cook] makes pasta with tomatoes and mushrooms.
④ She will make pancakes with flour and eggs.
⑤ They made pizza with ham and mushrooms.
⑥ Mom's food makes me strong.
⑦ The movie will make people sleepy.
⑧ The Korean food made them full.
⑨ Dad's cooking doesn't make me hungry.
⑩ His class doesn't make the students excited.
⑪ The doctor makes me exercise.
⑫ The teacher will make us study more.
⑬ The girls made the children laugh.
⑭ My parents made me go to bed.
⑮ My cat will make me wake up.

TRAINING ④ 실전에 동사 써먹기

A ❶ made me help him
　 ❷ made pasta with ham, tomatoes and mushrooms
　 ❸ made me full

B ❶ (salad with tomatoes and onions)
　 ❷ (Rock concerts, excited)
　 ❸ (My sister, wake up in the morning)

해석

A ❶ 나의 아빠는 내가 그를 돕게 만드셨다.
　 ❷ 그는 햄, 토마토들, 그리고 버섯들로 파스타를 만드셨다.
　 ❸ 아빠의 파스타는 나를 배부르게 만들었다.

B ❶ 너는 아침 식사용 샐러드를 어떻게 만드니?
　　 수지: 나는 양상추와 달걀들로 샐러드를 만들어.
　　 나: (나는 토마토들과 양파들로 샐러드를 만들어.)
　 ❷ 무엇이 너를 신나게 하니?
　　 수지: 케이팝 노래들이 나를 신나게 해.
　　 나: (록 콘서트가 나를 신나게 해.)
　 ❷ 누가 아침에 너를 잠에서 깨우니?
　　 수지: 나의 엄마가 나를 아침에 깨우셔.
　　 나: (나의 언니가 아침에 나를 깨워 줘.)

써먹기 동사 | 11

keep

TRAINING ① 동사의 의미와 짝꿍 단어 알기

CHECK UP
❶ my diary
❷ her earrings
❸ the photos
❹ the watch
❺ laughing
❻ singing and dancing
❼ standing
❽ clapping her hands
❾ myself
❿ his desk
⓫ happy
⓬ fresh

해석

❶ 나는 그 서랍에 내 일기장을 보관할 것이다.
❷ 엄마는 그 상자에 그녀의 귀걸이들을 보관하신다.

---

❸ Jason은 그 사진첩에 그 사진들을 보관했다.
❹ 나는 내 방에 그 손목시계를 보관하지 않는다.
❺ 나는 잠시 동안 계속 웃을 것이다.
❻ 그들은 한 시간 동안 계속 노래하고 춤췄다.
❼ 아빠는 10분 동안 계속 서 계셨다.
❽ 그녀는 잠시 동안 계속 박수를 치고 있었다.
❾ 나는 나 자신을 건강한 상태로 유지할 것이다.
❿ 그는 그의 책상을 깔끔한 상태로 유지하지 않는다.
⓫ 내 개는 나를 계속 행복하게 한다.
⓬ 우리는 그 음식을 신선한 상태로 유지하지 않았다.

TRAINING ② 동사에 단어 꿰기

A-1
❶ her earrings
❷ the photos
❸ my diary
❹ (my necklace)

A-2
❶ Mom, her earrings in the box
❷ Jason, the photos in the album
❸ I, my diary in the drawer
❹ (I keep my necklace in the drawer.)

B-1
❺ standing
❻ clapping her hands
❼ laughing
❽ (walking)

B-2
❺ Dad, standing for ten minutes
❻ She, clapping her hands for a while
❼ I, laughing for a while
❽ (I kept walking for five minutes.)

C-1
❾ me
❿ his desk
⓫ the food
⓬ (my closet)

C-2
❾ My dog, me happy
❿ He, his desk neat
⓫ We, the food fresh
⓬ (I keep my closet neat.)

TRAINING ③ 통문장 쓰기

❷ Helen keeps her diary in the box.
❸ I will keep the photos in the album.
❹ Greg kept the letters in the box.
❺ The man didn't keep the watch in the room.
❻ I will keep running for a while.
❼ She will keep walking for an hour.
❽ The kid kept crying for a while.
❾ He kept clapping his hands for a while.
❿ Ben kept standing for an hour.

⑪ I keep myself happy.

⑫ She keeps the food fresh.

⑬ Sam will keep his desk neat.

⑭ We will keep our dog healthy.

⑮ The boy kept his room clean.

TRAINING ④ 실전에 동사 써먹기
p. 83

A ❶ keeps his trophies in his room

❷ keeps his medals in the drawer

❸ keeps his desk neat

❹ doesn't keep his bed clean

B ❶ walking around the playground

❷ kept jumping rope for 10 minutes

❸ keep playing with hula-hoops for 10 minutes

❹ will keep running around the playground for 5 minutes

해석

A 이곳은 지호의 방이다.

❶ 지호는 그의 트로피들을 그의 방에 보관한다.

❷ 그는 그의 메달들을 그 서랍에 보관한다.

❸ 그는 그의 책상을 깔끔한 상태로 유지한다.

❹ 그는 그의 침대를 깨끗한 상태로 유지하지 않는다.

B ❶ 준비 운동으로, 우리는 5분 동안 운동장을 계속 걸어서 돌았다.

❷ 그 뒤에, 우리는 10분 동안 계속 줄넘기를 했다. 지금은 쉬는 시간이다.

❸ 다음에, 우리는 10분 동안 계속 훌라후프를 가지고 놀 것이다.

❹ 마무리 운동으로, 우리는 5분 동안 운동장을 계속 뛸 것이다.

써먹기 동사 | 12

ask

TRAINING ① 동사의 의미와 짝꿍 단어 알기
p. 85

CHECK UP

❶ the reason   ❷ the schedule

---

❸ the answer   ❹ the title of the book

❺ favors   ❻ a job

❼ help   ❽ information

❾ drive me to school ❿ explain it

⑪ drop by   ⑫ help me

해석

❶ 나는 그에게 그 이유를 물어보았다.

❷ Sally는 너에게 그 일정을 물어볼 것이다.

❸ 나는 그 선생님께 정답을 물어보지 않았다.

❹ 우리는 그녀에게 그 책의 제목을 물어보았다.

❺ 우리는 그에게 호의를 부탁할 것이다.

❻ 그는 그녀에게 일자리를 부탁하지 않았다.

❼ Linda는 그에게 도움을 요청하지 않는다.

❽ 나는 그들에게 정보를 요청했다.

❾ 나는 엄마께 나를 학교까지 태워 달라고 부탁했다.

❿ 그들은 그 여자에게 그것을 설명해 달라고 부탁했다.

⑪ Helen은 그에게 들르라고 부탁할 것이다.

⑫ 나는 Pam에게 나를 도와달라고 부탁하지 않았다.

TRAINING ② 동사에 단어 꿰기
pp. 86-87

A-1
❶ her
❷ you
❸ the teacher
❹ (the teacher)

A-2
❶ We, her the title of the book
❷ Sally, you the schedule
❸ I, the teacher the answer
❹ (I will ask the teacher my score.)

B-1
❺ them
❻ him
❼ her
❽ (my friend)

B-2
❺ I, them for information
❻ We, him for favors
❼ He, her for a job
❽ (I will ask my friend for a drink.)

C-1
❾ the woman
❿ Mom
⑪ him
⑫ (my dad)

C-2
❾ They, the woman to explain it
❿ I, Mom to drive me to school
⑪ Helen, him to drop by
⑫ (I asked my dad to help me with my homework.)

TRAINING ③ 통문장 쓰기

❷ I will ask him the way to the station.

❸ He will ask Susan the reason.

❹ They asked the teacher the meaning.

❺ Kevin asked me the schedule.

❻ I will ask them for advice.

❼ Jason will ask his mom for money.

❽ The woman asked him for a drink.

❾ Ben doesn't ask me for help.

❿ She didn't ask the teacher for information.

⑪ I ask my dad to pick me up.

⑫ I will ask Nancy to visit me.

⑬ Mr. Lim asked her to explain it.

⑭ I asked Daniel to stay with me.

⑮ Owen didn't ask her to drop by.

TRAINING ④ 실전에 동사 써먹기

A ❶ asked my mom to drive me to school

  ❷ asked the driver to wait

  ❸ asked my classmate to lend me some money

B ❶ asked Minji today's schedule

  ❷ asked Minji to go shopping

  ❸ asked Minji for help

  ❹ asked Minji to send him a text

해석

A A: Cindy야, 너 또 늦잠 잔 거니?

 B: 응. ❶ 나는 엄마께 학교까지 데려다 달라고 부탁했는데, 엄마가 거절하셨어.

 A: 학교에 어떻게 왔니?

 B: 나는 택시를 탔어. 그런데 내가 지갑을 가지고 오지 않았어.
 ❷ 나는 기사님께 기다려 달라고 부탁드렸어.

 A: 그리고?

 B: ❸ 나의 반 친구에게 돈을 좀 빌려 달라고 부탁했어.

B 민지에게,
 너 오늘 방과 후에 한가하니? 나는 네 도움이 필요해.
 나는 옷을 사러 쇼핑을 하러 갈 거야. 나는 네가 나를 위해 옷을 좀 골라 줬으면 좋겠어. 네가 올 수 있으면 나에게 문자를 보내줘.
 – 지호가

---

❶ 지호는 민지에게 오늘 일정을 물어보았다.

❷ 지호는 민지에게 그와 함께 쇼핑을 갈 것을 부탁했다.

❸ 지호는 민지에게 옷을 좀 골라 달라고 부탁을 했다.

❹ 지호는 민지에게 그에게 문자를 보내 달라고 요청했다.

CHAPTER REVIEW 3

써먹기 동사 | 09

❶ Bring some drinks with you.

❷ Daniel brought the man a subway map.

❸ Bring your partner with you.

❹ The news will bring sadness to our lives.

❺ The waiter will bring you chopsticks.

❻ The earthquake brought many troubles [problems] to their lives.

써먹기 동사 | 10

❶ The boys made pizza with ham and tomatoes.

❷ My dad doesn't make me study more.

❸ His songs make people excited.

❹ The alarm clock will make them wake up.

❺ The movie didn't make us sleepy.

❻ The chef[cook] makes pasta with eggs and mushrooms.

써먹기 동사 | 11

❶ Susan will keep herself happy.

❷ They will keep running for ten minutes.

❸ The refrigerator keeps the food fresh.

❹ She keeps the earrings in the box.

❺ I don't keep my diary in my room.

❻ My grandma kept clapping her hands for a while.

써먹기 동사 | 12

❶ I won't ask him the reason.

❷ I didn't ask Mom to drive me to school.

❸ Jack will ask you for a drink.

❹ She doesn't ask her grandparents for money.

❺ The stranger asked him the way to the station.

❻ I will ask my uncle to pick me up.

Chapter 4 의미가 같은 듯 다른 동사

써먹기 동사 | 13
look · watch · see

TRAINING ① 동사의 의미와 짝꿍 단어 알기
p. 95

CHECK UP

1 young   2 funny   3 nice
4 cool   5 a play   6 a soccer match
7 the show   8 a baseball game
9 walking   10 standing
11 jumping   12 studying

해석

1 너는 머리를 그렇게 자르고 나니 어려 보인다.
2 그녀는 머리를 그렇게 자르고 나니 우스워 보이지 않았다.
3 Sam은 다이어트를 하고 나니 멋져 보인다.
4 너는 다이어트를 하고 나니 멋져 보였다.
5 나는 한 달에 한 번 연극 한 편을 본다.
6 그들은 한 달에 한 번 축구 경기를 보았다.
7 Kelly는 한 달에 한 번 그 공연을 본다.
8 나는 한 달에 한 번 야구 경기를 볼 것이다.
9 나는 공원에서 그녀가 걷고 있는 것을 보았다.
10 나는 현관에서 그녀가 서 있는 것을 보지 않았다.
11 나는 그 소년이 침대에서 뛰고 있는 것을 보았다.
12 나의 아빠는 내가 내 방에서 공부하고 있는 것을 보셨다.

TRAINING ② 동사에 단어 꿰기
pp. 96-97

A-1
1 young
2 nice
3 funny
4 (tired)

A-2
1 You, young after that haircut
2 Sam, nice[cool] after the diet
3 She, funny after that haircut
4 (You look tired after jogging.)

B-1
5 a play

B-2
5 I, a play once a month

6 the show
7 a soccer match
8 (the drama)

6 Kelly, the show once a month
7 They, a soccer match once a month
8 (I watch the drama once a week.)

C-1
9 her
10 him
11 her
12 (you)

C-2
9 I, her walking
10 My dad, me studying
11 I, her standing
12 (I saw you singing.)

TRAINING ③ 통문장 쓰기
p. 98

2 Tina looks old after that haircut.
3 He doesn't look funny after that haircut.
4 They looked fine after jogging.
5 She didn't look great[nice/cool] after the diet.
6 I watch a baseball game once a month.
7 We watch a basketball game once a month.
8 Jake watches TV every night.
9 She watches a movie once a week.
10 Ms. White watches a play once a week.
11 I saw them standing.
12 We saw the children jumping.
13 I saw the baby sleeping.
14 They didn't see you crying.
15 She didn't see me walking.

TRAINING ④ 실전에 동사 써먹기
p. 99

A 1 looks tired, looks fine
  2 watches a movie once a week, watches a musical once a month
  3 see my brother singing, see him playing the guitar

B 1 look nice after the diet

② saw you running and walking

③ watch a movie with my sister

해석

A **①** 그 소년은 달리기 후에 지쳐 보인다.
그 소녀는 달리기 후에 괜찮아 보인다.

② Linda는 일주일에 한 번 영화 한 편을 본다.
그녀는 한 달에 한 번 뮤지컬 한 편을 본다.

③ 나는 내 오빠가 그의 방에서 노래하는 것을 본다.
나는 그가 그의 방에서 기타를 치고 있는 것을 본다.

B A: 와, **①** 너 다이어트 한 후에 멋져 보인다.
B: 고마워. 나는 3kg을 감량했어. 나는 공원에서 그냥 뛰고 또 뛰었어.
A: 아, **②** 나는 네가 공원에서 뛰고 걷고 있는 걸 봤어.
B: 내일 공원에서 같이 운동하자.
A: 미안해. **③** 나는 내 여동생과 영화 한 편을 볼 거야.

써먹기 동사 | 14
say·talk·tell

TRAINING ① 동사의 의미와 짝꿍 단어 알기   p. 101

CHECK UP

① hello
② a word
③ no
④ sorry
⑤ our English class
⑥ myself
⑦ the trip
⑧ their last vacation
⑨ a riddle
⑩ a story
⑪ a lie
⑫ the reason

해석

① 나는 내 친구들에게 안녕이라고 말한다.
② 나는 내 친구들에게 한마디도 하지 않았다.
③ 그는 그의 친구들에게 no라고 말하지 않는다.
④ Tina는 그녀의 친구들에게 미안하다고 말했다.
⑤ 나는 그에게 우리의 영어 수업에 대해 말했다.
⑥ 나는 그녀에게 나 자신에 대해 말할 것이다.
⑦ 그는 우리에게 그 여행에 대해 말하지 않는다.
⑧ 그들은 나에게 그들의 지난 휴가에 대해 말하지 않았다.
⑨ 나는 네게 수수께끼 하나를 낼 것이다.

⑩ 그녀는 네게 이야기를 해 주지 않았다.
⑪ Tim은 그녀에게 거짓말을 하지 않았다.
⑫ 나는 그에게 그 이유를 말했다.

TRAINING ② 동사에 단어 꿰기   pp. 102-103

A-1
① sorry
② no
③ a word
④ (everything)

A-2
① Tina, sorry to her friends
② He, no to his friends
③ I, a word to my friends
④ (I said everything to Mom.)

B-1
⑤ to him
⑥ to her
⑦ to me
⑧ (to Minsu)

B-2
⑤ I, to him about our English class
⑥ I, to her about myself
⑦ They, to me about their last vacation
⑧ (I will talk to Minsu about my plan.)

C-1
⑨ you
⑩ him
⑪ her
⑫ (them)

C-2
⑨ I, you a riddle
⑩ I, him the reason
⑪ Tim, her a lie
⑫ (I told them my secret.)

TRAINING ③ 통문장 쓰기   p. 104

② James will say something to you.
③ I will say no to my parents.
④ My brother said everything to me.
⑤ They didn't say a word to the teacher.
⑥ I talked to Steve about the movie.
⑦ She talked to the students about the weather.
⑧ I will talk to you about myself.
⑨ Ben didn't talk to us about his last vacation.
⑩ The man didn't talk to them about the trip.
⑪ The girl told me her secret.
⑫ The teacher told the students its history.
⑬ I will tell you a story.
⑭ Greg will tell them the good news.
⑮ She didn't tell us the reason.

A ❶ no to Minsu
  ❷ to Mom about her worries
  ❸ Mr. Choi the reason

B ❶ didn't say a word to me
  ❷ will tell you the reason
  ❸ will talk to her about my feelings

해석

A ❶ 수진이는 민수에게 그의 파티 초대에 no라고 말할 것이다.
  ❷ 수진이는 엄마에게 그녀의 고민들에 대해 말할 것이다.
  ❸ 수진이는 최 선생님께 그녀가 오늘 늦은 이유를 말씀드릴 것이다.

B 진우: 수진아, 나 민지랑 싸웠어.
  수진: 오, 저런!
  진우: 내가 그녀에게 미안하다고 문자 메시지를 보냈는데, ❶ 그녀는 내게 한마디도 하지 않았어.
  수진: 음… ❷ 내가 너에게 그 이유를 말해줄게. 그녀는 네가 그녀를 찾아와서 이야기하길 원해.
  진우: 네 말이 맞다. 지금 당장 그녀에게 찾아가서 ❸ 나는 그녀에게 내 기분에 대해 말할 거야.

써먹기 동사 | 15
become · turn · change

CHECK UP
❶ taller
❷ stronger
❸ thinner
❹ more beautiful
❺ dark
❻ chilly
❼ sunny
❽ cloudy
❾ a chicken
❿ an adult
⑪ water
⑫ the prince

해석

❶ 너는 키가 더 커지고 더 무거워질 것이다.
❷ 나의 형은 더 튼튼해졌고 더 활발해졌다.
❸ 나는 더 날씬해졌고 더 가벼워졌다.

---

❹ 그녀는 더 아름다워지고 더 인기 있어진다.
❺ 밤에는 어두워진다.
❻ 가을에는 쌀쌀해진다.
❼ 아침에는 화창해질 것이다.
❽ 저녁에는 흐려졌다.
❾ 병아리는 닭으로 변한다.
❿ 아이는 어른으로 변한다.
⑪ 얼음은 물로 변한다.
⑫ 그 개구리는 왕자로 변할 것이다.

A-1
❶ more beautiful
❷ taller
❸ stronger
❹ (thinner)

A-2
❶ She, more beautiful and more popular
❷ You, taller and heavier
❸ My brother, stronger and more active
❹ (I became thinner and lighter.)

B-1
❺ dark
❻ chilly
❼ sunny
❽ (hot)

B-2
❺ It, dark at night
❻ It, chilly in fall
❼ It, sunny in the morning
❽ (It turns hot in summer.)

C-1
❾ A chick
❿ A child
⑪ The frog
⑫ (Snow)

C-2
❾ A chick, into a chicken
❿ A child, into an adult
⑪ The frog, into the prince
⑫ (Snow changes into water.)

❷ Jina became more beautiful and more popular.
❸ The boy didn't become smarter and more active.
❹ She will become stronger and more beautiful.
❺ I became thinner and lighter.
❻ It turns warm in spring.
❼ It turns hot in summer.
❽ It will turn clear in the morning.
❾ It will turn sunny in the morning.

⑩ It will turn cloudy in the evening.

⑪ A boy changes into a man.

⑫ Ice changes into water.

⑬ A caterpillar changes into a butterfly.

⑭ A girl changes into a woman.

⑮ The stone will change into gold.

TRAINING ❹ 실전에 동사 써먹기   p. 111

A ❶ becomes taller and heavier, becomes more active and smarter

❷ turns cold in winter, turns dark at night

❸ change into tadpoles, change into frogs

B ❶ turned cold at night

❷ became longer and darker

❸ His fear changed into relief.

해석

A ❶ 그 남자아이는 키가 더 커지고 더 무거워진다.
그는 더 활발해지고 더 똑똑해진다.

❷ 겨울에는 추워진다.
밤에는 어두워진다.

❸ 개구리 알들은 올챙이들로 변한다.
올챙이들은 개구리들로 변한다.

B ❶ 밤에는 추워졌다. 한 소년은 거리를 걷고 있었다. ❷ 그의 그림자는 더 길어졌고 더 짙어졌다. 그는 빠르게 걷기 시작했다. 갑자기 누군가 그의 어깨를 만졌다. 그건 그의 아버지였다! ❸ 그의 두려움은 안심으로 변했다.

써먹기 동사 ┃ 16

hope·want·wish

TRAINING ❶ 동사의 의미와 짝꿍 단어 알기   p. 113

CHECK UP

❶ play with you   ❷ talk to you

❸ win the race   ❹ visit the city

---

❺ join us   ❻ be quiet

❼ buy it for me   ❽ eat more vegetables

❾ I were Superman   ⑩ you were here

⑪ I were rich   ⑫ my grandfather were alive

해석

❶ 나는 다시 너와 함께 놀기를 바란다.

❷ 나는 곧 너와 이야기하기를 바란다.

❸ 그들은 그 경주에서 다시 이기기를 바란다.

❹ Paul은 곧 그 도시를 방문하기를 바란다.

❺ 나는 Jake가 우리와 함께하기를 원한다.

❻ 그 선생님은 우리가 조용히 하기를 원하신다.

❼ 나는 네가 나를 위해 그것을 사기를 원하지 않는다.

❽ 나의 엄마는 내가 더 많은 채소를 먹기를 원하셨다.

❾ 나는 내가 슈퍼맨이면 좋겠다.

⑩ 나는 네가 여기에 있으면 좋겠다.

⑪ 나는 내가 부자이면 좋겠다.

⑫ 나는 나의 할아버지가 살아계시면 좋겠다.

TRAINING ❷ 동사에 단어 꿰기   pp. 114-115

A-1

❶ to win the race

❷ to visit the city

❸ to talk to you

❹ (to see him)

A-2

❶ They, to win the race again

❷ Paul, to visit the city soon

❸ I, to talk to you soon

❹ (I hope to see him again/ soon.)

B-1

❺ us

❻ me

❼ you

❽ (my friend)

B-2

❺ The teacher, us to be quiet

❻ My mom, me to eat more vegetables

❼ I, you to buy it for me

❽ (I want my friend to keep a secret.)

C-1

❾ I were

⑩ you were

⑪ my grandfather were

⑫ (I were)

C-2

❾ I, I were rich

⑩ I, you were here

⑪ I, my grandfather were alive

⑫ (I wish I were slim.)

TRAINING ③ 통문장 쓰기

p. 116

❷ My mom hopes to visit the city soon.

❸ He hopes to hear from you soon.

❹ I hope to play with you again.

❺ They hope to talk to her again.

❻ I want you to have a good time.

❼ The doctor wants me to eat more vegetables.

❽ They wanted us to keep a secret.

❾ We don't want him to join us.

❿ I didn't want him to buy it for me.

⓫ I wish it were Christmas.

⓬ I wish I were a grown-up.

⓭ I wish my dad were Superman.

⓮ I wish I were rich.

⓯ I wish you were here.

TRAINING ④ 실전에 동사 써먹기

p. 117

A ❶ wish I were with you

❷ hope to visit Korea again

❸ want you to come to my country

B ❶ (to visit Australia again)

❷ (you to talk more with me)

❸ (I were a genius)

해석

A 진우에게,

나는 한국에서 너와 정말 좋은 시간을 보냈어. 정말 좋은 여행이었어. 나는 네가 너무 그리워. ❶ 나는 내가 너와 함께 있었으면 좋겠어! ❷ 나는 다시 한국을 방문하기를 바라. ❸ 아니면 나는 네가 나의 나라, 대만에 오기를 원해. 너에게 곧 소식을 듣기를 바라.

친애하는 Suphan으로부터

B ❶ 너는 어떤 장소를 다시 방문하기 바라니?

수지: 나는 제주도를 다시 방문하기 바라.

나: (나는 호주를 다시 방문하기 바라.)

❷ 너는 내가 너를 위해 무엇을 하기를 원하니?

수지: 나는 네가 내 말을 잘 들어주길 원해.

나: (나는 네가 나와 더 많이 이야기하길 원해.)

❸ 너는 지금 무엇을 소망하니?

CHAPTER REVIEW 4

pp. 118-119

써먹기 동사 | 13

❶ He didn't see me jumping on the sofa.

❷ Mr. Kim didn't look old after that haircut.

❸ I saw the baby sleeping on the bed.

❹ My parents watch a play once a month.

❺ She looks pretty after the diet.

❻ They will watch a baseball game once a month.

써먹기 동사 | 14

❶ I will say sorry to my friends.

❷ Billy didn't talk to me about the trip.

❸ The woman told us its history.

❹ The teacher talked to the students about the weather.

❺ I won't tell you the reason.

❻ She didn't say everything to her friends.

써먹기 동사 | 15

❶ A boy changes into a man.

❷ It turns warm in spring.

❸ A caterpillar changes into a butterfly.

❹ The child will become taller and more active.

❺ It will turn chilly in the evening.

❻ The singer became more popular and more beautiful.

써먹기 동사 | 16

❶ We hope[want/wish] to win the race again.

❷ I wish it were Christmas.

❸ He wanted me to keep a secret.

❹ She doesn't want you to buy it for her.

❺ Ann hopes[wants/wishes] to hear from you soon.

❻ I wish I were a grown-up.

WORKBOOK 정답

써먹기 동사 | 01 pp. 02-03

A ① b ② c ③ a ④ a ⑤ c ⑥ b ⑦ a ⑧ b

B ① take my pencil case ② took an airplane
　　③ doesn't take a long time ④ will take five minutes
　　⑤ takes her lunch box ⑥ will take a ship
　　⑦ takes a day ⑧ didn't take a taxi

C ① I took an eraser to school.
　　② She will take the subway to go to the library.
　　③ She takes this backpack to school.
　　④ It doesn't take half an hour to go to work.
　　⑤ We don't take a bus to go to the city.
　　⑥ I didn't take my dog to the mall.
　　⑦ It will take a day to go to the country.
　　⑧ My mom didn't take a taxi to go to work.

D ① My mom takes this bag to work.
　　② She takes a bus to go to work.
　　③ It will take 50 minutes to go to work.
　　④ I take these pencils to school.
　　⑤ I take the subway to go to school.
　　⑥ It will take an hour to go to school.

써먹기 동사 | 02 pp. 04-05

A ① c ② a ③ b ④ a ⑤ b ⑥ c ⑦ a ⑧ c

B ① didn't put your address
　　② will put on a warm sweater
　　③ put a handkerchief
　　④ put some books
　　⑤ puts on a red skirt
　　⑥ didn't put his diary
　　⑦ put his phone number
　　⑧ will put my name

C ① She doesn't put an umbrella in her car.
　　② I put a handkerchief in my bag.
　　③ You didn't put the date in the letter.
　　④ My sister put her nickname on the card.
　　⑤ I didn't put the date on the paper.
　　⑥ They will put on shorts for the picnic.

⑦ The man put on a blue T-shirt for the party.
⑧ Fred put on a warm sweater for the game.

D ① I put my ID card in my drawer.
　　② I put some money in my drawer.
　　③ I will put his nickname on the card.
　　④ I will put "Thank you" on the card.
　　⑤ I put on black pants for my birthday.
　　⑥ I put on a white T-shirt for my birthday.

써먹기 동사 | 03 pp. 06-07

A ① a ② b ③ b ④ c ⑤ b ⑥ a ⑦ c ⑧ a

B ① got to the hospital
　　② will get some money
　　③ didn't get those shoes
　　④ will get to the airport
　　⑤ don't get hungry
　　⑥ get lonely
　　⑦ doesn't get bored
　　⑧ got to the stadium

C ① He didn't get birthday cards from his friends.
　　② I will get a new computer from my dad.
　　③ You got concert tickets from Martin.
　　④ They didn't get tired in the evening.
　　⑤ You won't get hungry in the morning.
　　⑥ They get to school around 8 a.m.
　　⑦ She gets to the office around 9 a.m.
　　⑧ We will get to the restaurant around 6 p.m.

D ① Suji's friends got to her house around 7 p.m.
　　② She got a sweater from her friends.
　　③ She got excited on her birthday.
　　④ Minho's parents got to the restaurant around
　　　 8 p.m.
　　⑤ He didn't get a present[gift] from his parents.
　　⑥ He got angry on his birthday.

써먹기 동사 | 04   pp. 08-09

A ❶ c ❷ a ❸ b ❹ c ❺ a ❻ c ❼ b ❽ b

B ❶ calls her mom
❷ call the lion
❸ will call everybody
❹ will call your parents
❺ calls this doll
❻ didn't call my neighbors
❼ doesn't call her grandparents
❽ call my pet dog

C ❶ Ms. Brown called your parents to say hi.
❷ My parents didn't call my teacher to say hi.
❸ I called my aunt to say hi.
❹ The children will call their teacher for help.
❺ Ann calls everybody for help.
❻ We didn't call our friends for help.
❼ We call our baby sweetie.
❽ People didn't call the chimpanzee the king of the jungle.

D ❶ I call my grandparents to say hi.
❷ They call me sweetie.
❸ They will call me for help.
❹ Robin calls his cat Coco.
❺ He calls Coco his sister.
❻ Coco calls him for help.

써먹기 동사 | 05   pp. 10-11

A ❶ a ❷ c ❸ b ❹ c ❺ a ❻ b ❼ c ❽ b

B ❶ won't have snacks
❷ had a fever
❸ has, wash the dishes
❹ had a cough
❺ has dessert
❻ will have, water the plants
❼ had a stomachache
❽ doesn't have, take out the trash

C ❶ I didn't have a toothache for a few days.
❷ Tom had a stomachache after breakfast.
❸ We won't have snacks during break time.
❹ Mr. Smith doesn't have breakfast every day.
❺ Paul doesn't have junk food at night.

❻ Ben will have his brother feed the dog.
❼ Dad has you clean your room.
❽ My parents don't have us take out the trash.

D ❶ I had cake after dinner.
❷ My brother had ice cream after dinner.
❸ I had a stomachache at night.
❹ He had a fever at night.
❺ Mom had us take medicine.

써먹기 동사 | 06   pp. 12-13

A ❶ b ❷ a ❸ c ❹ b ❺ c ❻ a ❼ b ❽ c

B ❶ left, work
❷ doesn't leave, alone
❸ leaves the station
❹ didn't leave his laptop
❺ left, angry
❻ will leave, the bus stop
❼ will leave a memo
❽ didn't leave, closed

C ❶ The students will leave the school for the station.
❷ He will leave home for the library.
❸ Kevin didn't leave this city for the town.
❹ I didn't leave my bag in the classroom.
❺ My dad left the keys on the bed.
❻ She doesn't leave her camera in the café.
❼ Tina won't leave the restroom clean.
❽ My friends leave me angry.

D ❶ My sister left home for school.
❷ She leaves her room clean.
❸ She doesn't leave her desk dirty.
❹ She left her wallet on the desk.
❺ She left her cell phone on the bed.

A ❶ c ❷ a ❸ b ❹ c ❺ b ❻ c ❼ b ❽ a

B ❶ will hold a jar
  ❷ will hold, up
  ❸ held a long rope
  ❹ held, straight
  ❺ didn't hold two mugs
  ❻ will hold a contest
  ❼ didn't hold, down
  ❽ didn't hold a sports day

C ❶ Steve didn't hold two mugs in one hand.
  ❷ I will hold a flag in my hands.
  ❸ My mom didn't hold large boxes in her hands.
  ❹ Two schools held a sports day at the park.
  ❺ The school won't hold a parade at the park.
  ❻ The team will hold a meeting at the restaurant.
  ❼ The girl didn't hold her legs straight.
  ❽ Ken held the sign over his head.

D ❶ Boram Middle School held a flea market at the park.
  ❷ Some students held their wallets in their hands.
  ❸ Some students held their signs up.
  ❹ Some teachers held cameras in their hands.
  ❺ Some guests held bags in their hands.

A ❶ c ❷ a ❸ b ❹ c ❺ a ❻ b ❼ b ❽ c

B ❶ Let's play badminton
  ❷ Let's have lunch together
  ❸ will let, in
  ❹ let, keep the cat
  ❺ Let's visit her house
  ❻ will let, watch TV
  ❼ didn't let, into the building
  ❽ didn't let, through

C ❶ My parents don't let me sleep late.
  ❷ I won't let you wash the dog.
  ❸ He doesn't let his daughter skip piano lessons.
  ❹ She lets her son come home late.
  ❺ I won't let the person in.
  ❻ The boy will let the person into his house.

❼ She let the people through.
❽ They let fresh air into their room.

D ❶ Let's have lunch together at my house!
  ❷ My parents will let us play games.
  ❸ They will let us drink soda.
  ❹ I will let you into my room.
  ❺ I will let you play with my dogs.

A ❶ c ❷ a ❸ c ❹ a ❺ b ❻ b ❼ c ❽ b

B ❶ brought, flowers
  ❷ brought many problems
  ❸ will bring, her blanket
  ❹ Bring some drinks
  ❺ brought many changes
  ❻ Bring your partner
  ❼ will bring sadness
  ❽ Bring some money

C ❶ My mom will bring me chopsticks.
  ❷ She didn't bring the boy a subway map.
  ❸ I brought her a hair dryer.
  ❹ I won't bring the baby a spoon.
  ❺ The flood brought many troubles to our lives.
  ❻ The accident will bring sadness to their lives.
  ❼ The earthquake brings hunger to their lives.
  ❽ The news didn't bring happiness to our lives.

D ❶ Bring your name card with you.
  ❷ Bring your textbook with you.
  ❸ The news brought sadness to our lives.
  ❹ The accident brought many problems to her life.
  ❺ I will bring her flowers and books.

A ❶ a ❷ c ❸ b ❹ c ❺ a ❻ b ❼ a ❽ b

B ❶ make salad
  ❷ will make, wake up
  ❸ makes, strong
  ❹ made, laugh
  ❺ will make, sleepy
  ❻ made, go to bed

⑦ doesn't make, hungry

⑧ makes pasta

C ① He makes bread with flour and butter.

② They make donuts with flour and eggs.

③ She made pizza with ham and tomatoes.

④ His class makes the students excited.

⑤ My mom made me exercise.

⑥ The teacher makes us study more.

⑦ My mom will make my dad feed the dog.

⑧ My parents don't make me make the bed.

D ① I will make sandwiches with tomatoes and eggs.

② I will make sandwiches with ham and lettuce.

③ Mom's food makes me healthy.

④ Fruits make me healthy.

⑤ My dog makes me laugh.

⑥ My best friend makes me laugh.

써먹기 동사 | 11   pp. 22-23

A ① a ② c ③ b ④ c ⑤ b ⑥ c ⑦ b ⑧ a

B ① keeps, fresh

② will keep running

③ keeps her diary

④ kept, neat

⑤ will keep the photos

⑥ will keep, healthy

⑦ kept the letters

⑧ kept crying

C ① Jason will keep the photos in the album.

② I didn't keep the watch in my room.

③ The boy kept many coins in his room.

④ She didn't keep clapping her hands for a while.

⑤ People kept standing for five minutes.

⑥ He will keep singing and dancing for an hour.

⑦ We keep the food fresh.

⑧ I will keep myself happy.

D ① We keep the kitchen clean.

② We keep vegetables fresh.

③ We keep all foods in the refrigerator.

④ We keep cleaning the kitchen for an hour.

⑤ We keep washing vegetables for two hours.

써먹기 동사 | 12   pp. 24-25

A ① c ② b ③ c ④ a ⑤ a ⑥ b ⑦ c ⑧ b

B ① asked, stay with me

② asked, a drink

③ will ask, the question

④ didn't ask, information

⑤ asked, the meaning

⑥ will ask, the way to the station

⑦ doesn't ask, help

⑧ will ask, pick me up

C ① I asked him the answer.

② We will ask him the title of the book.

③ Kevin asks me the schedule.

④ She asks them for information.

⑤ Jason won't ask his mom for money.

⑥ I will ask Pam to help me.

⑦ They asked her to explain it.

⑧ Owen asked her to drop by.

D ① She asked me to stay with her

② I asked my sister for help.

③ I asked her to call Semi

써먹기 동사 | 13   pp. 26-27

A ① look ② see ③ watch ④ look
⑤ look ⑥ watch ⑦ watch ⑧ see

B ① watch a baseball game

② saw, sleeping

③ watches TV

④ didn't see, crying

⑤ looks old

⑥ watches a movie

⑦ looked fine

⑧ saw, jumping

C ① You look cool after that haircut.

② He looks funny after that haircut.

③ She doesn't look great after the diet.

④ They watch a play once a week.

⑤ Tom watches a basketball game once a month.

⑥ They watch a soccer match once a year.

⑦ My dad didn't see him studying in his room.

⑧ She saw me walking.

D ❶ Mr. Jang watches a basketball game once a week.
　❷ I saw him playing basketball at the park
　❸ He looked young after that haircut.
　❹ he didn't look great[nice/cool] after the diet

써먹기 동사 | 14　　　　　pp. 28-29

A ❶ tell　❷ say　❸ say　❹ tell
　❺ talk　❻ tell　❼ talk　❽ talk

B ❶ said sorry
　❷ talked, the movie
　❸ told, the way to school
　❹ didn't talk, his last vacation
　❺ will tell, the good news
　❻ didn't tell, the reason
　❼ will say something
　❽ didn't say a word

C ❶ He didn't say no to his friends.
　❷ Tina didn't say sorry to her friends.
　❸ My brother will tell me everything.
　❹ She talked to them about her last vacation.
　❺ She will talk to the students about the weather.
　❻ I won't talk to you about our English class.
　❼ Tim doesn't tell her a lie.
　❽ I didn't tell him the reason.

D ❶ She didn't say a word to us.
　❷ We talked to our teacher about her.
　❸ He told us a story about friendship.
　❹ she said "thank you" to us

써먹기 동사 | 15　　　　　pp. 30-31

A ❶ become　❷ change　❸ turn　❹ change
　❺ become　❻ change　❼ become　❽ turn

B ❶ will turn sunny
　❷ became thinner and lighter
　❸ changes, water
　❹ becomes smarter and more active
　❺ will turn cloudy
　❻ will become stronger and more beautiful
　❼ turns warm
　❽ will change, gold

C ❶ They will become taller and heavier.
　❷ The actress didn't become more beautiful and more popular.
　❸ Sue became stronger and more active.
　❹ It will turn hot in summer.
　❺ It turned chilly in the evening.
　❻ It won't turn sunny in the afternoon.
　❼ A caterpillar will change into a butterfly.
　❽ The girl changes into a woman.

D ❶ I will become taller and stronger.
　❷ You will become more active and more beautiful.
　❸ My chick will change into a chicken.
　❹ My puppy will change into a dog.
　❺ It turns warm in spring.
　❻ It turns hot in summer.
　❼ It turns chilly in fall.
　❽ It turns cold in winter.

써먹기 동사 | 16　　　　　pp. 32-33

A ❶ hope[want/wish]　❷ wish　❸ hope[want/wish]
　❹ want　❺ want　❻ want
　❼ wish　❽ hope[want/wish]

B ❶ wish it were Christmas
　❷ wanted, keep a secret
　❸ hope, see the movie
　❹ wish I were a grown-up
　❺ hope, play with you
　❻ wish I were rich
　❼ don't want, join us
　❽ want, have a good time

C ❶ They hope to visit the city soon.
　❷ We hope to see the movie again.
　❸ Mr. Kim hopes to talk to her again.
　❹ He hoped to hear from you again.
　❺ The doctor wanted her to eat more vegetables.
　❻ I wanted them to buy it for me.
　❼ My dad wants me to keep a secret.
　❽ I don't want Tom to join us.

D ❶ I wish you were here!
　❷ I want you to be healthy.
　❸ I hope to hear from you soon.

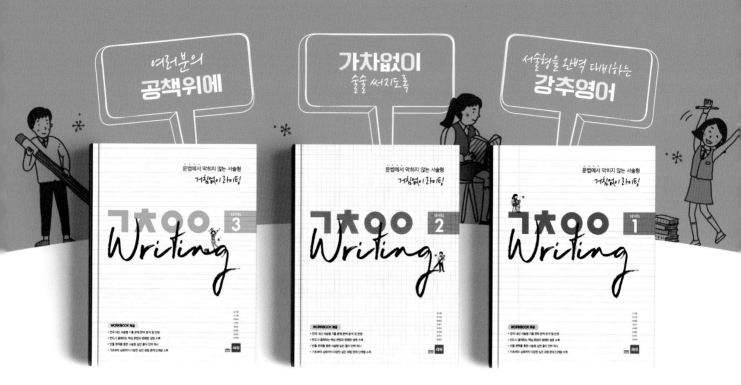

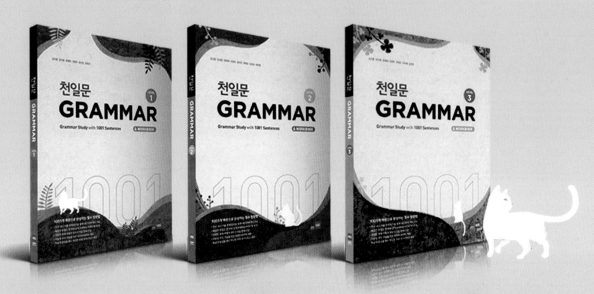